*Arbeit an sich selbst*

Rudolf Steiner

# ARBEIT AN SICH SELBST

## Wie man zum Schauen in der geistigen Welt kommt

Rudolf Steiner Ausgaben

Der Wortlaut der in den *Rudolf Steiner Ausgaben* gedruckten Vorträge Rudolf Steiners geht auf die ursprünglichen Klartextnachschriften und Erstdrucke zurück, unter Berücksichtigung der danach erfolgten Veröffentlichungen.

5. Auflage 2024



Herausgeber: Rudolf Steiner Ausgaben
(Monika Grimm, Bad Liebenzell)
Redaktion: Pietro Archiati, Bad Liebenzell
Korrektorat: Christine Becker, Meerbusch
Druck: GGP Media GmbH, Pößneck

ISBN: 978-3-86772-104-2

Rudolf Steiner Ausgaben e. K.
Burghaldenweg 37 · D-75378 Bad Liebenzell
anfrage@rudolfsteinerausgaben.com
www.rudolfsteinerausgaben.com

# Inhaltsverzeichnis

Vier Vorträge, gehalten in Dornach
zwischen dem 28. Juni und dem 18. Juli 1923

2. Vortrag (30.6.1923)

## Umgekehrt denken

*Verrückt sein wird auf einmal sinnvoll*

*S. 41*

- Fieber des Körpers und Kälte des Verstandes sind Schwellen zum Geist *S. 41*
- Im Geistigen ist alles umgekehrt: Der Teil ist größer als das Ganze, die Gerade ist der längste Weg zwischen zwei Punkten – und so weiter *S. 52*
- Wahrheit muss einem Freude machen, bei Irrtum und Lüge muss man Schmerz erleben können *S. 61*

3. Vortrag (7.7.1923)

## Vom Traum lernen

*Spirituell, nicht spiritistisch, zum Geist kommen*

*S. 69*

- Der «Flugtraum» zeigt an, dass sich die Seele beim Einschlafen vom Körper befreit *S. 69*
- Der Spiritismus ist die ärgste Form des Materialismus *S. 79*
- Um außerhalb des Körpers wach zu bleiben, muss die Seele, der «Astralleib», durch das Denken stärker gemacht werden *S. 87*

Erster Vortrag

# Selbstständig denken

## *Der Mensch am Ende seines Lateins*

*Dornach, 28. Juni 1923*

Guten Morgen, meine Herren!

Es sind einige Fragen da, die mir das letzte Mal gegeben worden sind und die ich in einer etwas anderen Reihenfolge beantworten werde, als sie hier gestellt worden sind. Die Fragen sind:

1. *Wie kann man in Bezug auf Welt- und Lebensanschauung zum Schauen der Weltgeheimnisse kommen?*
2. *Wie weit hat der Mensch zu gehen, bis er auf dem Weg der Naturwissenschaften höhere Welten findet?*
3. *Haben die Kräfte im Weltall Einfluss auf die ganze Menschheit?*
4. *Welche Beziehung haben die Pflanzen zum Menschen, zum menschlichen Leib?*

Ich möchte das so einrichten – es sind natürlich sehr komplizierte Fragen –, dass die Antwort nach und nach erst herauskommt. Anders kann man das bei solch komplizierten Fragen nicht machen. Denn wenn zum Beispiel gefragt wird:

*Wie kommt man zum Schauen der Weltgeheimnisse?*, so heißt das: Wie kommt man zu einer wirklichen Geisteswissenschaft? Das ist etwas, was Sie sich heute natürlich als nicht leicht vorstellen können.

Denn die Sache ist so, dass die meisten Menschen, wenn sie davon hören, dass es so etwas wie eine Anthroposophie oder eine Geisteswissenschaft gibt, dass die meisten Menschen denken: Ich will mir auch die Fähigkeit aneignen, das Geistige zu schauen. In acht Tagen werde ich damit fertig sein, und dann werde ich das alles selbst wissen können.

So einfach verhält sich die Sache natürlich nicht, sondern man muss sich darüber klar sein: Schon zu der gewöhnlichen Naturwissenschaft gehört recht viel. Schon wenn man die allereinfachsten Beobachtungen in der Naturwissenschaft anstellen will, so gehört dazu, dass man lernt, wie man die Instrumente gebraucht. Es ist verhältnismäßig leicht, ein Mikroskop zu gebrauchen. Aber um mit einem Mikroskop in der richtigen Weise etwas zu erforschen, kann man nicht einfach sagen: Ich werde jetzt ein Stück Muskel oder so etwas unter das Mikroskop legen und dann hineinschauen, und dann weiß ich, was da drinnen vorgeht. Wenn Sie es so machen würden, würden Sie gar nichts sehen.

Wenn man zum Beispiel unter einem Mikroskop etwas sehen will, muss man zuerst feine Schnitte machen. Also ein Stück Muskel nützt gar nichts, sondern es handelt sich darum, dass man mit einem feinen Rasiermesser zuerst einen dünnen Schnitt macht und dann manchmal ganz wenig entfernt wieder einen feinen Schnitt macht, sodass man eine ganz dünne Schicht kriegt. Und zumeist kann man auch damit noch gar nichts erreichen. Denn wenn Sie so eine ganz dünne Schicht Muskel oder Zelle unter das Mikroskop legen und hineinschauen, sehen Sie meistens auch nichts. Dasjenige, was Sie tun müssen, ist, sich zu fragen: Wie kann ich das, was ich da unter das Mikroskop lege, sichtbar machen? Und da muss man es oft mit gewissen Farbstoffen durchdringen, sodass man es erst dadurch sichtbar macht, dass man Farbstoffe hineinbringt.

Und dann muss man sich klar darüber sein: Jetzt hat man die Sache etwas verändert. Man muss wiederum wissen, wie die Sache ist, wenn man sie nicht verändert. Das sind aber alles noch sehr einfache Sachen.

Auch wenn Sie mit dem Teleskop die Sterne untersuchen wollen, müssen Sie erst die Handhabung des Teleskops lernen. Das ist noch einfach. Sie wissen, dass es herumziehende Leute gibt, die einem auf der Straße ein Fernrohr aufstellen. Aber das hilft Ihnen auch nicht viel. Es hilft Ihnen nur, wenn Sie wissen: Da müssen Sie wieder ein Mikroskop dazu haben und eine Uhr, die Sie erst handhaben müssen, und so weiter.

Das sind nur Beispiele, durch die ich Ihnen veranschaulichen möchte, wie kompliziert es ist, die einfachsten Dinge in der sinnlich-physischen Welt zu untersuchen.

Für die Forschungen in der geistigen Welt ist es noch viel schwerer. Da muss man viel mehr Vorbereitungen treffen. Die Leute stellen sich vor, das kann man in acht Tagen lernen. Das ist aber nicht der Fall. Außerdem muss der Mensch vor allen Dingen darauf bedacht sein, dass er etwas, was in ihm ist, erst in Tätigkeit bringen muss. Was fortwährend nicht in Tätigkeit ist, das muss er erst in Tätigkeit bringen.

Damit Sie sehen, wie die Dinge sind, möchte ich Ihnen Folgendes sagen: Sie wissen, bei solchen Forschungen, die in die geistige Welt hineingehen, und auch in der gewöhnlichen Wissenschaft, muss man vielfach von der Erkenntnis dessen ausgehen, was nicht normal ist. Sie lernen die Dinge erst richtig kennen, wenn Sie das Nichtnormale kennengelernt haben. Ich habe Ihnen das schon einmal an bestimmten Beispielen gezeigt.

Wir müssen das schon deshalb in Betracht ziehen, weil die Menschen in der Welt draußen oft den, der in der geistigen Welt forscht, auch wenn er noch so normal ist, verrückt nennen. Also, wir müssen uns schon darauf einlassen, die Dinge ein bisschen so zu untersuchen, dass wir zuletzt auf die Wahrheit kommen.

Sie müssen natürlich nicht glauben, dass man dadurch etwas erreicht, dass man ins Nichtnormale, ins Krankhafte hineinschaut. Aber lernen kann man daran viel.

Es handelt sich zum Beispiel darum, dass es Leute gibt, die dadurch nicht normal sind, dass man sagt, sie seien «geistesgestört». Was heißt das eigentlich, ein Mensch ist geistesgestört? Es gibt kein schlechteres Wort auf der Welt als dieses «geistesgestört», weil der Geist niemals gestört sein kann.

Nehmen Sie zum Beispiel den folgenden Fall: Wenn ein Mensch zwanzig Jahre, wie man sagt, geistesgestört ist – solche Dinge kommen vor – und nachher wieder normal wird, was tritt da eigentlich ein? Es kann sein, dass dieser Mensch zwanzig Jahre hindurch behauptet, dass er von anderen verfolgt wird. Er leidet, wie man sagt, an Verfolgungswahn. Oder es tritt das ein, dass er allerlei Gespenster schaut, die nicht da sind, und so weiter. Das kann zwanzig Jahre dauern.

Es kann dann einer, der zwanzig Jahre in dieser Weise geistesgestört war, wieder gesund werden. Aber Sie werden immer eines bemerken: Wenn einer drei, fünf oder zwanzig Jahre geistesgestört ist, wie man sagt, und nachher wieder gesund wird, so ist er nicht mehr ganz derselbe wie früher. Vor allen Dingen werden Sie Folgendes bemerken. Er sagt Ihnen, nachdem er wieder gesund geworden ist: Ich habe in der Zeit, in der ich krank war, fortwährend in die geistige Welt hineinschauen können. Er erzählt Ihnen alle möglichen Wahrnehmungen aus der geistigen Welt.

Und geht man dem mit den Erkenntnissen nach, die man als ein gesunder Mensch von der geistigen Welt erlangt, so ist das so, dass er manchen Kohl sagt, aber auch wieder viel Richtiges. Also, das ist das Merkwürdige: Es kann jemand durch zwanzig Jahre hindurch geistesgestört sein, wieder gesund werden, und dann erzählt er einem: Er ist da in der geistigen Welt drinnen gewesen, hat das und das erlebt. Und wenn man die Sache als gesunder Mensch selbst kennt, so muss man ihm in vielem recht geben.

Wenn Sie aber während der Zeit mit ihm reden, in der er geistesgestört ist, wird er Ihnen niemals etwas Vernünftiges erzählen können. Da erzählt er Ihnen eben den Kohl, den er da erlebt. Es ist nämlich gar nicht so, dass solche Menschen, die durch Jahre hindurch geistesgestört sind, während ihrer sogenannten Geisteskrankheit diese Dinge erlebt haben. Da haben sie gar nichts von der geistigen Welt erlebt. Aber hinterher, wenn sie wieder gesund geworden sind und auf die Zeit zurückschauen können, wo sie nicht gesund waren, da kommt ihnen dann das, was sie während der Krankheit gar nicht erlebt haben, wie Blicke in die geistige Welt hinein vor. Eigentlich tritt also dieses Bewusstsein – «Ich habe viel von der geistigen Welt gesehen» – erst in dem Moment ein, wo die Leute wieder gesund werden.

Sehen Sie, daraus kann man außerordentlich viel lernen. Daraus kann man lernen, dass der Mensch etwas in sich hat, was er während der Zeit, in der er geistig krank war, überhaupt nicht benutzt hat. Aber das war da, das hat gelebt. Und wo war das? Er hat von der äußeren Welt nichts gesehen, denn er kann Ihnen erzählen: Der Himmel ist rot, die Wolken sind grün – alles Mögliche. Er sieht gar nichts ordentlich in der äußeren Welt. Aber der tiefere Mensch, der in ihm sitzt, den er während seiner Krankheit gar nicht gebrauchen kann, der ist in der geistigen Welt. Und wenn er dann wieder sein Gehirn selbst gebrauchen kann und auf das zurücksehen kann, was dieser geistige Mensch erlebt hat, dann kommen ihm die Erinnerungen.

Wir sehen daraus, dass der Mensch, während er in dem Zustand ist, den man geisteskrank nennt, mit seinem geistigen Teil gerade in der geistigen Welt lebt. Der ist sehr gesund, der geistige Teil. Was ist denn krank bei einem Geisteskranken?

Ja, meine Herren, bei einem Geisteskranken ist der Körper krank, und die Seele und der Geist können den Körper nicht benutzen. Bei einem, von dem man sagt: Der ist geisteskrank, ist immer irgendetwas am Körper krank. Und wenn das Gehirn krank ist, kann man natürlich nicht ordentlich denken. Man kann auch nicht ordentlich fühlen, wenn die Leber krank ist.

Und so kommt es, dass «geisteskrank» der schlechteste Ausdruck ist, den man wählen kann, denn geisteskrank heißt nicht, der Geist ist krank, sondern geisteskrank heißt: Der Körper ist so krank, dass der Geist, der immer gesund ist, ihn nicht benutzen kann. Vor allem müssen Sie sich klar darüber sein, dass der Geist immer gesund ist. Nur der Körper kann krank werden, und der Geist kann ihn dann nicht in richtiger Weise benutzen.

Wenn einer ein krankes Gehirn hat, so ist es geradeso, wie wenn einer einen Hammer hat, der bei jedem Schlag abbricht. Wenn ich zu dem, der keinen Hammer hat, sage: Du bist ein fauler Kerl, du kannst überhaupt nicht klopfen, so ist das natürlich ein Unsinn. Der kann ganz gut klopfen, aber er hat keinen Hammer zum Klopfen. So ist es ein Unsinn, wenn man sagt, jemand sei «geisteskrank». Der Geist ist vollkommen gesund, aber er hat nicht den Körper, durch den er wirken kann.

Was man auf diese Weise lernen kann, das zeigt sich ganz besonders dann, wenn man darüber nachdenkt, wie es sich mit unserem Denken verhält. Aus dem, was ich Ihnen gesagt habe, werden Sie ersehen, dass man den Geist hat, aber zum Denken ein Werkzeug braucht: das Gehirn. Ja, in der physischen Welt braucht man zum Denken das Gehirn.

Es ist gar keine Kunst vom Materialismus, dass er sagt, man braucht das Gehirn. Selbstverständlich braucht man das Gehirn. Aber es besagt nichts über den Geist, wenn er das behauptet. Außerdem ersehen Sie daraus, dass im Menschen der Geist sich vollständig zurückziehen kann. Beim Geisteskranken zieht sich der Geist ganz zurück.

Es ist wichtig, dass man das weiß, weil man dadurch erst einsehen lernt, dass die Menschen in der heutigen Zeit – jetzt werde ich Ihnen etwas sagen, was Sie erstaunen wird, aber es ist so –, dass die Menschen heute überhaupt nicht denken können. Sie bilden sich ein, dass sie denken können, aber sie können es gar nicht. Ich will Ihnen sagen, warum die Menschen heute nicht denken können.

Sie werden sagen: Die Menschen gehen doch auf die Schule, heute lernt man schon in der Volksschule ganz wunderbar denken! Das schaut so aus, dennoch können die heutigen Menschen gar nicht denken, es sieht nur so aus, als ob sie denken könnten.

Nicht wahr, in der Volksschule haben wir Volksschullehrer. Diese Volksschullehrer haben etwas gelernt, angeblich haben sie auch denken gelernt. Diejenigen, von denen sie wiederum gelernt haben, sind, wie man in Stuttgart sagt, «Großkopfete». Also, das sind nach der heutigen Ansicht furchtbar gescheite Menschen. Die haben ein Hochschulstudium durchgemacht. Bevor sie ein Hochschulstudium gemacht haben, haben sie das Gymnasium oder etwas Ähnliches durchgemacht, und da haben sie Latein gelernt.

Wenn Sie ein bisschen herumgucken, werden Sie sich sagen können: Ja, mein Lehrer, der hat nicht Latein gekonnt! Aber der hat von einem gelernt, der doch Latein konnte. Daher ist auch das, was Sie gelernt haben, von der lateinischen Sprache abhängig. Alles, was man heute lernt, ist von der lateinischen Sprache abhängig. Sie können das schon aus dem sehen, dass, wenn Ihnen einer ein Rezept ausstellt, er es lateinisch schreibt.

Das rührt noch von den Zeiten her, wo man überhaupt alles lateinisch geschrieben hat. Es ist noch nicht lange her, dreißig, vierzig Jahre, da wurde verlangt, dass jeder, der an der Hochschule war, seine Prüfungsarbeit in der lateinischen Sprache schrieb. Also alles, was man heute lernt, ist von der lateinischen Sprache abhängig. Und das ist dadurch so geworden, dass man im Mittelalter, wenn man ins 14., 15. Jahrhundert zurückgeht – das ist also noch gar nicht so lange her –, alles lateinisch vorgetragen hat.

Der Erste, der zum Beispiel in Leipzig deutsch vorgetragen hat, ist ein gewisser Thomasius. Das ist noch nicht lange her, das war im 17. Jahrhundert. Überall wurde lateinisch vorgetragen. Derjenige, der etwas gelernt hat, ging durch die lateinische Sprache hindurch. Und im Mittelalter war überhaupt alles, was man lernen konnte, nur lateinisch. Wenn man irgendetwas anderes lernen wollte, musste man erst Latein lernen.

Sie werden sagen: Aber nicht in der Volksschule! Aber Volksschulen gibt es erst seit dem 16. Jahrhundert. Erst allmählich, als die Wissenschaft auch die Volkssprache aufnahm, gab es Volksschulen. Also das, von dem unser ganzes Denken beeinflusst ist, ist die lateinische Sprache. Sie alle, meine Herren, denken so, wie die Menschen durch die lateinische Sprache denken gelernt haben. Und wenn Sie auch anführen, dass die Amerikaner nicht so viel Latein lernen, so muss man sagen: Die Amerikaner von heute sind von Europa eingewandert. Das hängt alles von der lateinischen Sprache ab.

Die lateinische Sprache hat eine ganz bestimmte Eigentümlichkeit. Sie ist im alten Rom so ausgebildet worden, dass sie selbst denkt. Es ist interessant, wie der Lateinunterricht in den Gymnasien gegeben wird. Er wird so gegeben, dass man Latein lernt – und dann lernt man das Denken, das richtige Denken, an dem lateinischen Satz. Sodass das ganze Denken von etwas abhängig ist, was gar nicht der Mensch macht, sondern was die lateinische Sprache macht.

Verstehen Sie das so, meine Herren, dass das etwas ganz Wichtiges ist. Also, Menschen, die heutzutage irgendetwas gelernt haben, denken nicht selbst, sondern bei denen denkt die lateinische Sprache, auch wenn sie die lateinische Sprache nicht gelernt haben. Deshalb ist es so, so kurios das klingt: Selbstständiges Denken trifft man heute nur noch bei Menschen, die nicht viel gelernt haben. Ich will damit nicht sagen, wir sollen wieder in den Analphabetismus zurück, das können wir nicht. Ich will nirgends einen Rückschritt, aber das, was ist, muss man verstehen.

Deshalb ist es so wichtig, dass man auch zu dem zurückgehen kann, was der einfache Mensch, der wenig gelernt hat, noch weiß. Er kann es gar nicht herausbringen, weil man ihn auslacht, aber es ist trotzdem außerordentlich wichtig, dass man weiß: Die Menschen denken heute nicht selbst, sondern die lateinische Sprache denkt in ihnen.

Sehen Sie, solange man nicht selbst denken kann, so lange kann man überhaupt nicht in die geistige Welt hineinkommen. Jetzt haben Sie den Grund, warum sich die heutige Erkenntnis gegen alles geistige Erkennen auflehnt: Weil die Leute durch die lateinische Erziehung dazu gekommen sind, nicht selbst zu denken. Das ist das Erste, was man lernen muss: selbst denken.

Die Leute haben heute ganz recht, wenn sie sagen: Das Gehirn denkt. Und warum denkt das Gehirn? Weil die lateinischen Sätze ins Gehirn hineingehen und bei dem heutigen Menschen das Gehirn ganz automatisch denkt. Das sind Automaten der lateinischen Sprache, die herumlaufen und gar nicht selber denken.

In der letzten Zeit ist etwas geschehen, was ganz merkwürdig ist. Ich habe es Ihnen schon das letzte Mal angedeutet, aber Sie werden es vielleicht nicht bemerkt haben, weil es nicht so leicht zu bemerken ist. In der letzten Zeit ist etwas ganz Besonderes geschehen.

Nicht wahr, wir haben in uns außer unserem physischen Körper den Ätherkörper (s. Fachausdrücke S. 135) – die anderen Körper auch noch, davon will ich jetzt aber nicht reden. Sehen Sie, das Gehirn gehört natürlich zum physischen Körper, aber es ist auch der Ätherkörper im Gehirn drin. Selbst denken kann man nur mit dem Ätherkörper, man kann nicht mit dem physischen Körper selber denken.

Aber denken kann man mit dem physischen Körper, wenn es so wie bei der lateinischen Sprache ist: dass das Gehirn wie ein Automat benutzt wird, dass man mit dem Gehirn denkt. Aber solange man bloß mit dem Gehirn denkt, kann man nichts Geistiges denken. Da muss man anfangen, mit dem Ätherkörper zu denken, mit dem Ätherkörper, der bei dem, der geisteskrank ist, durch viele Jahre oft nicht benutzt wird. Das muss man in eine innere Tätigkeit bringen.

Also, meine Herren, das ist es, worauf es zuallererst ankommt: dass man selbstständig denkt, dass man selber denken lernt. Ohne dass man selbstständig denken kann, kann man nicht in die geistige Welt hineinkommen. Dazu ist natürlich notwendig, dass man zuallererst überhaupt darauf kommt: Donnerwetter, du hast in deiner Jugend gar nicht gelernt, selbst zu denken! Du hast nur gelernt, das zu denken, was seit Jahrhunderten durch den Gebrauch der lateinischen Sprache gedacht worden ist.

Und wenn man dies in der richtigen Weise weiß, dann weiß man, dass die allererste Bedingung, auf die es für das Hineinkommen in die geistige Welt ankommt, ist: Lerne selbstständig denken!

Ja, jetzt kommt aber das, worauf ich hindeuten wollte, indem ich gesagt habe: In der letzten Zeit ist etwas Merkwürdiges vorgekommen. Die Menschen, die am meisten nur nach dem Lateinischen gedacht haben, das waren die

Gelehrten, und die Gelehrten haben zum Beispiel die Physik gemacht, sie haben sich die Physik ausgedacht. Sie haben sie im Sinne der lateinischen Sprache mit dem physischen Gehirn gedacht.

Als wir klein waren, als ich so alt war wie der junge Erbsmehl hier, da haben wir nur eine Physik gelernt, die mit dem lateinischen Gehirn ausgedacht worden war. Nur das haben wir gelernt, was mit dem lateinischen Gehirn ausgedacht worden ist. Aber seither ist ungeheuer viel geschehen, meine Herren. Als ich klein war, da kam gerade das Telefon auf. Es war vorher nicht da. Nachher kamen alle die anderen großen Erfindungen, in die heute der Mensch schon so hineinwächst, als wenn sie immer dagewesen wären. Die sind aber erst in den allerletzten Jahrzehnten gekommen.

Dadurch sind immer mehr Leute in die Wissenschaft hineingekommen, die nicht lateinisch dressiert worden sind. Das ist eine denkwürdige Geschichte. Wenn man dem wissenschaftlichen Leben in den letzten Jahrzehnten nachgeht, so findet man, dass immer mehr Techniker in die Wissenschaft hineinkommen. Die haben sich nicht viel mit dem Lateinischen befasst, dadurch ist ihr Denken nicht so automatisch geworden. Und dieses nicht automatische Denken ist dann auch auf die anderen übergegangen.

Daher ist es heute so, dass die Physik lauter Begriffe, lauter Ideen hat, die zerfallen. Das ist höchst interessant. Da ist zum Beispiel der Professor Gruner in Bern, der vor zwei

Jahren über die Neuorientierung der Physik gesprochen hat. Da hat er gesagt: Alle Begriffe sind in den letzten Jahren anders geworden.

Dass man das nicht bemerkt, kommt nur daher, meine Herren, dass, wenn Sie heute in populäre Vorträge gehen, Ihnen die Leute noch das erzählen, was man vor zwanzig Jahren gedacht hat. Das, was heute gedacht wird, das können sie Ihnen nicht erzählen, weil sie nicht selbst denken können. Wenn man die Begriffe nimmt und gelten lässt, die man vor dreißig Jahren gehabt hat, ist es geradeso, wie wenn man ein Stückchen Eis nimmt und es zerschmilzt.

Die Ideen zerschmelzen, sie sind nicht mehr da, wenn man sie genau denken will. Wir müssen das einsehen. Es ist so: Wenn einer vor dreißig Jahren Physik gelernt hat und heute sich anschaut, wie sie geworden ist, möchte er sich die Haare ausraufen, weil er sich sagen muss: Ja, da komme ich nicht zurande mit den Begriffen, die ich gelernt habe. Das ist so. Und woher kommt das?

Das kommt daher, dass in den letzten Jahren die Menschen durch die Entwicklung der Menschheit dazu gebracht worden sind, dass der Ätherleib anfangen soll zu denken – und das wollen sie nicht, sie wollen weiter mit dem physischen Leib denken. Aber im physischen Leib fallen einem die Begriffe ganz auseinander. Und mit dem Ätherleib wollen sie nicht denken lernen; selbstständig denken, das wollen sie nicht lernen.

Da ist es so, dass es notwendig geworden ist, dass ich im Jahr 1893 das Buch *Die Philosophie der Freiheit* geschrieben habe. Dieses Buch ist nicht so wichtig durch das, was drinnen steht. Natürlich, das, was drinnen steht, wollte man damals schon auch der Welt sagen, aber das ist nicht das Wichtigste, sondern das Wichtigste bei diesem Buch *Die Philosophie der Freiheit* ist, dass zum ersten Mal ganz und gar selbstständiges Denken in diesem Buch ist.

Kein Mensch kann das Buch verstehen, der unselbstständig denkt. Er muss sich Seite für Seite, ganz vom Anfang an, daran gewöhnen, zu seinem Ätherleib zurückzugehen, um solche Gedanken überhaupt denken zu können, wie sie in diesem Buch sind. Deshalb ist dieses Buch ein Erziehungsmittel, und als solches muss man es auffassen.

Als das Buch in den 90er-Jahren erschienen war, da haben die Leute überhaupt nicht gewusst, was sie mit ihm machen sollen. Das ist für sie so gewesen, wie wenn einer in Europa chinesisch schreibt und kein Mensch das verstehen kann. Es war natürlich deutsch geschrieben, aber es war in Gedanken geschrieben, die die Leute gar nicht gewohnt waren, weil da alles Lateinische ganz absichtlich abgestreift ist.

Es ist zum ersten Mal ganz bewusst darauf Rücksicht genommen: Da drinnen sollen keine Gedanken sein, die noch durch das Lateinische beeinflusst sind, sondern nur ganz selbstständige Gedanken. Ein «Lateiner» ist nur das physische Gehirn, der Ätherleib des Menschen ist kein Lateiner.

Daher muss man sich erst bemühen, solche Gedanken in einer Sprache auszudrücken, wie man sie hat, wenn man sie im Ätherleib hat.

Ich will Ihnen noch etwas sagen: Natürlich haben die Menschen bemerkt, dass in den letzten Jahrzehnten alle Begriffe anders geworden sind. Als ich noch jung war, da kam der Professor, schrieb die ganze Tafel voll. Das musste man lernen, dann machte man ein gutes Examen. Na, schön! Und jetzt, in den letzten Jahren, sind die Leute auf das gekommen, was dieser Gruner bei seiner Rektoratsrede gesagt hat: Alle unsere Begriffe hätten keinen Sinn, wenn es keine festen, sondern nur flüssige Körper geben würde. Er stellt sich vor, dass die ganze Welt ein flüssiger Körper wäre: Dann aber hätten die Begriffe alle keinen Sinn mehr, dann müsste man ganz anders denken, sagt er.

Ja, natürlich müsste man anders denken, wenn keine festen Körper da wären! Dann könnten Sie, meine Herren, mit all den Begriffen, die Sie in der Schule gelernt haben, nichts anfangen. Wenn Sie plötzlich als Fisch ganz gescheit würden, und es käme Ihnen die Idee, Sie wollen als Fisch auf eine menschliche Hochschule gehen, dann würden Sie da etwas lernen, was es für den Fisch überhaupt nicht gibt, weil der Fisch im Wasser lebt. Er findet feste Körper nur an der Grenze, wo er antippt und gleich wieder zurückprallt. Also, wenn der Fisch anfangen würde zu denken, müsste er ganz andere Gedanken haben als der Mensch.

Aber solche Gedanken, die braucht der Mensch heute auch, weil ihm die anderen Gedanken entfallen. Und er muss sich sagen: Ja, wenn alles flüssig wäre, müssten wir ganz andere Gedanken haben!

Habe ich Ihnen nicht erzählt, meine Herren, von einem Zustand der Erde, wo es noch keine festen Körper gegeben hat, wo alles flüssig war, wo selbst die Tiere so waren, dass sie flüssig waren? Ich habe Ihnen von diesem Zustand erzählt. Ist es Ihnen nicht begreiflich, dass das heutige Denken überhaupt nicht zu diesen Zuständen zurückkommt? Die kann es nicht denken. Also, wenn das heutige Denken über den Weltanfang überhaupt nichts auszumachen weiß, so muss man sagen, die heutigen Menschen fangen an, sich vorzustellen: Donnerwetter, wenn nun die Welt flüssig wäre, müssten wir ganz andere Begriffe haben!

Aber, meine Herren, in der geistigen Welt sind keine festen Körper! Also, mit all den Begriffen, die die lateinische Sprache in die Menschen nach und nach hineindressiert hat, kann man überhaupt nicht in die geistige Welt hineinkommen. Die muss man sich erst abgewöhnen, diese Begriffe.

Sehen Sie, das ist auch ein großes Geheimnis: Im Griechentum, das dem Lateinertum vorangegangen ist – das Lateinertum entstand erst fünf, sechs Jahrhunderte vor unserer Zeitrechnung, aber das Griechentum ist viel älter –, im Griechentum, da gab es noch eine Erkenntnis des Geistigen.

Da konnte man noch in die geistige Welt hineinschauen. Als dann das Römertum mit der lateinischen Sprache gekommen ist, da erst wurde das allmählich ausgerottet.

Jetzt muss ich wiederum etwas sagen, was Ihnen sehr kurios vorkommen wird, aber Sie werden mich verstehen.

Wer hat sich der lateinischen Sprache durch die Jahrhunderte bedient, wer hat am meisten die lateinische Sprache gebraucht? Die Kirche hat sie am meisten gebraucht! Das ist es gerade, dass die Kirche, die vorgibt, den Menschen den Geist beizubringen, gerade am meisten dazu beigetragen hat, den Geist auszutreiben. Im Mittelalter waren alle Hochschulen kirchlich. Natürlich muss man der Kirche dankbar sein, dass sie die Hochschulen im 13., 14. Jahrhundert überhaupt gegründet hat. Aber sie hat sie aus dem Lateinertum heraus gegründet. Und das Lateinertum hat niemals die Möglichkeit, zum Geist zu kommen. Und so ist es allmählich gekommen, dass die Menschen nur Begriffe für die festen Körper gehabt haben.

Sehen Sie sich das einmal bei den Römern an! Die Römer haben diese ganz trockenen, nüchternen, ungeistigen Begriffe in die Welt eingeführt. Das hat gemacht, dass dann alles so materiell vorgestellt worden ist. Was glauben Sie, wenn noch die Griechen eine solche Handlung wie das Abendmahl geschildert hätten, die hätten das nicht so geschildert, als ob das materielle Brot, das man da hat, Fleisch würde. Das kommt vom Materialismus. Sogar die

Auffassung des Abendmahls ist materialistisch geworden, weil das alles mit der lateinischen Sprache zusammenhängt.

Die lateinische Sprache ist nur logisch. Ich habe mit vielen solchen Menschen gearbeitet, die eine lateinische Kultur gehabt haben, obwohl sie deutsch geredet haben. Wollte man irgendetwas klar haben, logisch haben, dann übersetzte man geschwind die Geschichte ins Lateinische, weil man in der neueren Zeit nur im Lateinischen logisch denkt. Aber dieses logische Denken, das bezieht sich nur auf feste Körper. Will man in die geistige Welt hinein, so braucht man flüssige Begriffe.

Da gibt es zum Beispiel die Theosophische Gesellschaft. Die wollte auch in die geistige Welt hinein. Diese Theosophische Gesellschaft, die redet auch davon: Der Mensch hat einen physischen Leib, einen Ätherleib und so weiter. Aber die sind auch materialistisch, denn sie denken: Der physische Leib, der ist dick, der Ätherleib, der ist etwas dünner und der astralische Leib noch dünner. Aber das bleiben lauter Körper, das wird niemals Geist, weil man zu solchen Begriffen kommen muss, die sich fortwährend verändern, wenn man in den Geist hineinwill.

Wenn ich Ihnen jetzt etwas aufzeichne, so werden Sie bemerken, dass selbst beim Zeichnen ich das berücksichtigen muss. Ich zeichne den physischen Leib auf: Da versuche ich nachzuahmen, wie der physische Mensch ist. Wenn ich aber versuche, den Ätherleib zu zeichnen, da wird es mir gar nicht einfallen, Ihnen in derselben Weise eine feste Figur hinzuzeichnen, sondern da versuche ich das so darzustellen: Der Mensch hat auch einen Ätherleib, der dehnt sich so aus (s. Zeichnung; Tafel S. 137). Aber Sie müssen

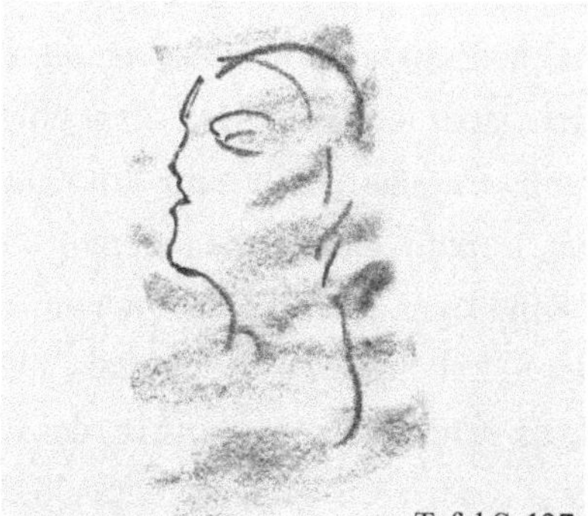

s. Tafel S. 137

wissen: Das ist nicht der Ätherleib, das ist nicht seine Abbildung, wenn ich ihn so aufzeichne, sondern das ist nur das Abbild eines Augenblicks. Im nächsten Augenblick ist es wieder anders. Also, wenn ich den Ätherleib zeichnen wollte, müsste ich aufzeichnen, dann geschwind auslöschen, dann wieder anders aufzeichnen, dann wieder löschen, wieder anders aufzeichnen, wieder löschen. Das ist in fortwährender Bewegung.

Der Mensch kommt mit seinen Begriffen, wie er sie heute hat, diesen Bewegungen gar nicht nach. Das ist es, was Sie vor allen Dingen berücksichtigen müssen: dass die Begriffe beweglich werden müssen. Daran müssen sich die

Menschen erst gewöhnen. Daher ist es notwendig, dass man heute zu ganz selbstständigem Denken kommt.

Aber das genügt noch nicht, meine Herren. Ich will Ihnen noch etwas anderes sagen.

Sie wissen, der Mensch entwickelt sich. Man beachtet gewöhnlich diese Entwicklung im Leben des erwachsenen Menschen nicht, aber wenn der Mensch noch ganz jung ist, da beachtet man es. Man weiß ganz gut: Ein einjähriges Kind kann noch nicht schreiben, rechnen und lesen, ein achtjähriges Kind kann das. Da sieht man die Entwicklung. Aber im späteren Leben, wenn wir einmal «gemachte Menschen» sind, da sind wir so hochnäsig, dass wir es nicht mehr zugeben, dass wir uns weiterentwickeln. Aber wir entwickeln uns durch das ganze Leben weiter. Und es ist sehr eigentümlich, wie wir uns entwickeln.

Unsere Entwicklung, die geht so: Nehmen Sie an, wir haben den Menschen – ich will ihn ganz schematisch zeichnen. Wenn das Kind ganz jung ist, dann geht alle Entwicklung vom Kopf aus (s. Zeichnung nächste Seite; Tafel S. 137). Wenn man dann den Zahnwechsel durchgemacht hat, also etwas älter geworden ist, dann geht alle Entwicklung von der Brust aus. Deshalb muss man achtgeben, wie die Kinder vom 7. bis 14. Jahr atmen, dass sie gesund atmen und so weiter. Also, das ist das Alter von dem größeren Kind. Heute müsste man anders sagen, heute lassen sich die Kinder das nicht mehr gern gefallen, vom 14. Jahr an muss man heute schon «junge Damen» und «junge Herren» sagen.

Und erst wenn der Mensch geschlechtsreif geworden ist, geht die Entwicklung vom ganzen Menschen, auch von den Gliedmaßen, aus. Sodass wir sagen können: Wenn der

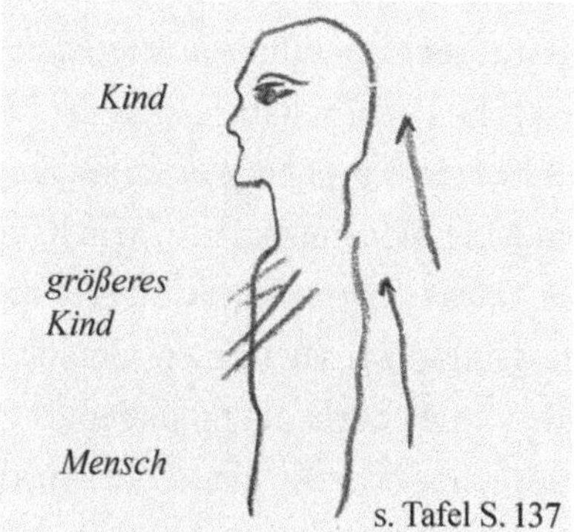

s. Tafel S. 137

Mensch geschlechtsreif geworden ist, da ist erst der ganze Mensch selbst in voller Entwicklung. Das bleibt dann, damit entwickeln wir uns durch die zwanziger, dreißiger Jahre hindurch.

Aber sehen Sie, meine Herren: Wenn man älter wird – einige von Ihnen konnen das schon an sich selbst sehen –, dann geht manches wiederum zurück. Das braucht nicht der Fall zu sein, wenn man ein geistiges Leben aufgenommen hat, aber im normalen Leben geht die Sache schon zurück, wenn man älter geworden ist. Das ist gerade die Aufgabe der Geisteswissenschaft: dafür zu sorgen, dass die Menschen in der Zukunft mit dem Alter nicht zurückgehen. Aber natürlich kann das auch nur langsam und allmählich geschehen.

Es gibt Menschen, bei denen die «geistigen Kräfte», wie man sagt, ganz furchtbar zurückgehen. Der Geist kann aber nicht zurückgehen, sondern es ist wieder der Körper, der zurückgeht. Und es ist interessant, dass gerade sehr gescheite Menschen oft im Alter furchtbar zurückgehen.

Sie werden schon gehört haben, dass die Menschen den Kant zu den besonders großen Weisen rechnen. Kant war aber in seinem Alter blödsinnig. Also, sein Körper ist so zurückgegangen, dass sein «weiser» Geist ihn nicht mehr benutzen konnte. Und so ist es bei vielen. Gerade sehr gescheite Leute werden im Alter richtig blödsinnig.

Das ist natürlich wieder nur ein starker Ausdruck für das, was bei jedem Menschen eintritt. Allmählich kann man im Alter den physischen Körper nicht mehr gebrauchen. Man kann ihn schon aus dem Grund nicht mehr gebrauchen, weil sich ungeheuer viel Kalk in den Adern ablagert. Und je mehr Kalk sich in den Adern ablagert, desto weniger kann man den physischen Körper gebrauchen.

Aber in demselben Maße, in dem, zum Beispiel bis zum 40. Jahr, vom Kopf herunter die Entwicklung in den ganzen Körper hineingeht, in demselben Maße geht es wieder zurück. Kommt man von den Vierziger- in die Fünfzigerjahre hinauf, so muss man wieder die Brust mehr gebrauchen. Und im Alter muss man wieder mehr den Kopf gebrauchen

(s. Zeichnung S. 31, Pfeile nach oben). Wenn man also ganz alt geworden ist, muss man wieder mehr den Kopf gebrauchen.

Aber jetzt müsste man im Alter den feineren Kopf, den Ätherkopf da oben gebrauchen. Aber das lernen die Leute in der lateinischen Erziehung nicht. Und gerade diejenigen, die in den letzten Jahrzehnten eine materialistische lateinische Erziehung genossen haben, die sind am meisten diesem Altersblödsinn ausgesetzt gewesen. Man muss im Alter wiederum auf die Kindheitsstufe zurück. Es gibt Leute, bei denen das sehr stark eintritt. Sie werden, wie man sagt, geistig immer schwächer. Der Geist bleibt aber ganz erhalten, nur der Körper wird immer schwächer. Solche Leute können zuletzt das nicht mehr, was sie zuallererst fertiggebracht haben.

Solche Dinge kommen durchaus vor. Ein Mensch ist alt geworden, das, was er zuletzt getrieben hat, das kann er gar nicht mehr. Er kann nur noch das, was er als größeres Kind getrieben hat. Zuletzt kann er auch das nicht mehr, sondern er kann nur noch spielen, und er versteht nur noch die Begriffe, die er während des Spielens aufgenommen hat. Es hat sogar Leute gegeben, die konnten im höchsten Alter nur noch das verstehen, was ihnen die Eltern oder die Amme in den allerersten Kindheitsjahren gesagt haben. Der Ausdruck: Im Alter wird man kindisch – der hat seine sehr gute Begründung. Man gelangt wirklich wieder in die Kindheit zurück.

Aber das ist, sobald man Geistesleben in sich hat, kein Unglück, sondern es ist ein Glück. Denn wenn man noch Kind ist, da benutzt man den Ätherleib. Wenn das Kind herumtobt, schreit und alles Mögliche macht, so macht das nicht der physische Leib – höchstens wenn es Bauchweh hat, aber dann muss auch erst der Bauchschmerz auf den Ätherleib und astralischen Leib übertragen werden, damit das Kind sich infolge des Bauchwehs bewegt. Aber das, was da tobt, das ist nicht der physische Leib.

Jetzt ist man alt geworden und kommt wieder auf die Kindheitsstufe zurück. Da hat man sich allmählich angewöhnt, nicht mehr zu toben, und benutzt denselben Ätherleib, den man als Kind zum Toben benutzt hat, im Alter dann zu etwas Gescheiterem. Also, das kann ein Glück werden, dass man wieder zur Kindheit zurückkommt. Da haben Sie das Zweite.

Das Erste, was man lernen muss, um in die geistige Welt hineinzukommen, ist ein selbstständiges Denken. Wie man dazu kommt, darüber werden wir noch weiterreden, die Fragen sind sehr kompliziert. Wir müssen heute erst einmal darauf kommen einzusehen, wie das ist, dass erstens ein ganz selbstständiges Denken da sein muss. Da muss man mit vielem brechen, was heutige Erziehung ist, denn die heutige Erziehung ist unselbstständiges Denken, ist vom Latein herrührendes Denken.

Denken Sie nicht, dass dasjenige, was heute an sozialistischen Theorien entwickelt wird, ein freies Denken ist. Die haben alle von dem gelernt, was aus dem Latein herausgekommen ist. Die haben es nur nicht gewusst. Nicht wahr, der Arbeiter mag in seinem Wollen sich das und jenes vornehmen, aber wenn er anfängt zu denken, so denkt er ganz nach bürgerlichen Begriffen – und die sind aus lateinischem Denken hervorgegangen. Also,

- das Erste, das man haben muss, ist *selbstständiges Denken.*
- Das Zweite aber, das ist, dass man lernen muss, nicht bloß in dem gegenwärtigen Augenblick zu leben, sondern immer wieder *zurückgehen* zu können bis in das Leben, das man in der Kindheit geführt hat.

Sehen Sie, wer in die geistige Welt eindringen will, der muss sich immer wieder vornehmen: Jetzt musst du darauf kommen, wie es war, als du ein zwölfjähriger Junge warst. Was hast du da getan? Und das muss man sich nicht oberflächlich, nur äußerlich, sondern ganz im Einzelnen vorstellen.

Es ist zum Beispiel nichts nützlicher, als wenn man anfängt, sich zu sagen: Ja, da war ich ein zwölfjähriger Junge. Ich kann es noch ganz gut sehen: Da war ein Steinhaufen am Weg, auf den ich draufgestiegen bin. Einmal bin ich heruntergepurzelt. Da war irgendeine Haselnussstaude, da habe ich mein Messer herausgenommen, Zweige abgeschnitten, mich in den Finger geschnitten. Das wieder so richtig sehen, was man vor vielen Jahren selbst gemacht hat: Dadurch kommt man in das hinein, dass man nicht bloß im Gegenwärtigen lebt.

Wenn Sie so denken, wie man es heute gelernt hat, da denken Sie mit Ihrem gegenwärtigen physischen Leib. Aber wenn Sie auf das zurückkommen, was Sie mit zwölf Jahren waren, da können Sie nicht mit Ihrem damaligen physischen Leib denken, denn der ist nicht mehr da. Ich habe es Ihnen gesagt: Der physische Leib ist alle sieben Jahre neu. Da müssen Sie mit Ihrem Ätherkörper denken. Deshalb rufen Sie diesen Ätherleib auf, wenn Sie an etwas zurückdenken, was bis zum 12., 14. Jahr zurückliegt. Dadurch kommen Sie in diese innere Tätigkeit hinein.

Und ganz besonders kann man sich angewöhnen, überhaupt anders zu denken, als man gewöhnlich denkt. Wie denkt man gewöhnlich?

Nicht wahr, wir haben uns heute um 9 Uhr hier getroffen. Da habe ich angefangen, Ihnen zuerst die Zettel vorzulesen, auf denen Fragen stehen. Dann habe ich allerlei Betrachtungen angestellt, und wir sind jetzt da angelangt zu sagen: Wir müssen an unser früheres Leben zurückdenken, das wir im 12., 13., 14. Jahr durchgemacht haben. Jetzt können Sie, vielleicht wenn Sie heimkommen, wenn es Ihnen besonders interessant ist, diese Gedanken noch einmal durchdenken. Das kann man so machen, wie es die meisten Menschen machen, sie gehen das noch einmal durch.

Aber Sie können auch etwas anderes machen. Sie können sagen:

- Was hat er *zuletzt* gesagt? Er hat zuletzt gesagt, dass man an sein früheres Leben, bis zum 12., 13., 14. Jahr zurückdenken soll;
- *noch früher,* da hat er davon gesprochen, dass man ein freies Denken haben muss;
- *noch früher* hat er davon gesprochen, wie das Lateinische allmählich hereingekommen ist;
- *noch früher* hat er erzählt, wie der Mensch, wenn er eine Zeit lang geistig nicht gesund gewesen ist, dann zurückschaut und sagt, er hat etwas Geistiges erfahren. Da hat er auseinandergesetzt, wie nicht der innere Mensch geistig krank wird, sondern nur der Körper krank wird.

Jetzt haben Sie den ganzen Vortrag rückwärts laufend durchgenommen.

Ja, meine Herren, rückwärts laufen die Dinge draußen nicht! Ich könnte Ihnen auch gleich den Vortrag rückwärts halten, aber Sie würden ihn nicht verstehen, denn man fängt vom Anfang an und schaut so auf das Ganze, dass man es versteht. Hat man es aber verstanden, dann kann man es auch rückwärts denken. Aber rückwärts gehen die Tatsachen nicht vor sich: Da reiße ich mich los von den Tatsachen. Da denke ich so, dass ich sage: Ich denke soundso – nicht wie es draußen vorgeht, sondern ich denke rückwärts.

Dazu gehört eine gewisse Kraft. Da muss ich mich innerlich regsam machen, wenn ich rückwärts denke.

Geradeso wie derjenige, der durch ein Teleskop sieht, lernen muss, das Teleskop zu handhaben, so muss derjenige, der in die geistige Welt hineinschauen will, oft rückwärts denken, immer wieder rückwärts denken. Da kommt schon eines Tages die Zeit, wo er weiß: Aha, jetzt sehe ich in die geistige Welt hinein.

Daran können Sie wieder sehen, meine Herren: Ihren physischen Körper haben Sie Ihr ganzes Leben daran gewöhnt, vorwärts, nicht rückwärts zu denken. Wenn Sie jetzt anfangen, rückwärts zu denken, da tut der physische Körper nicht mit. Da kommt etwas Eigentümliches zustande. Das ist es, was man denen, die immer wieder fragen: Ja, wie komme ich in die geistige Welt hinein?, als ersten Ratschlag gibt, dass man ihnen immer sagt: Lernt zunächst wenigstens die Tagesereignisse zurückgehen, dann auch anderes.

Die Leute haben natürlich bloß mit ihrem physischen Körper denken gelernt. Sie probieren das, sie strengen sich an, rückwärts zu denken, aber sie haben nur gelernt, mit dem physischen Körper zu denken, nicht mit dem Ätherkörper. Jetzt kommt vom Ätherkörper der Generalstreik – und sie schlafen ein. Ja, es ist ein richtiger Generalstreik!

Wenn die Leute beim Rückwärtsdenken nicht gleich einschlafen würden, dann würden sie wissen: Wenn ich anfange, rückwärts zu denken, müsste ich bei der geistigen Welt ankommen. Aber gerade in dem Moment, wo das Schauen beginnt, schläft man ein. Da schlafen die Leute ein, weil ihnen die Anstrengung zu groß ist. Also, man muss den guten Willen und die Kraft haben, nicht einzuschlafen. Dazu muss man Geduld haben. Das dauert oft jahrelang, man muss Geduld dazu haben.

Sehen Sie, wenn Ihnen einer erzählen würde, was Sie, nachdem Sie rückwärts gedacht haben, nach dem Einschlafen unbewusst erleben, wenn Ihnen das einer erzählen würde, da würden Sie sehen, wie das etwas furchtbar Gescheites ist. Die dümmsten Menschen fangen im Schlaf an, außerordentlich gescheite Gedanken zu haben. Nur wissen sie nichts davon.

Also, ich habe Sie heute darauf aufmerksam gemacht: Zuerst muss man überhaupt lernen, selbstständig zu denken. Das kann man! Ich will nicht sagen, weil ich nicht ein eingebildeter Tropf bin, dass nur meine *Philosophie der Freiheit* dazu dient. Aber die ist bewusst dazu geschrieben, dass man sich das selbstständige Denken angewöhnt. Also erstens: selbstständiges Denken.

Dann: Über Dinge denken, die bis zum 10., 12. Jahr zurückliegen; oder Dinge, die man erlebt hat, ganz genau rückwärts denken. Damit haben wir zunächst darauf aufmerksam gemacht, wie man sich losreißt vom physischen Leib, wenn man in die geistige Welt hineinkommt. Wir wollen das dann so weiterverfolgen, dass allmählich alle diese vier Fragen herauskommen.

Zweiter Vortrag

# Umgekehrt denken

*Verrückt sein wird auf einmal sinnvoll*

*Dornach, 30. Juni 1923*

Guten Morgen, meine Herren!

Wir werden in der Beantwortung der vorgelegten Fragen fortfahren. Dabei müssen Sie sich klar sein, dass die Antwort auf diese Fragen zu dem Allerschwierigsten gehört. Ich werde aber versuchen, es so leicht wie möglich zu machen.

Ich habe Ihnen schon gesagt: Will man die Wege finden, um in die geistige Anschauung hineinzukommen, dann muss man sich zuerst ein ganz selbstständiges Denken angewöhnen, zweitens muss man die Möglichkeit haben, wie ich Ihnen gesagt habe, zurückzudenken.

Also, man muss versuchen, die Dinge, die im Leben so verlaufen – zuerst das Erste, dann das Zweite, das Dritte und so weiter –, das muss man versuchen, zurückzudenken. Also, wenn ich Ihnen einen Vortrag halte, sagte ich das letzte Mal, müssten Sie versuchen, vom Ende angefangen bis zum Anfang hin zu denken. Das sind solche Dinge, die zu den allerersten Anfangsgründen gehören. Heute möchte ich aber ganz im Zusammenhang mit der zweiten Frage noch etwas anderes erörtern.

Sie wissen, dass der Mensch nur in einer bestimmten Wärme leben kann. Wenn es im Sommer recht heiß wird, dann schwitzt er, aber er kann es noch ertragen. Wenn es aber noch höher hinaufginge, dann würde er nicht mehr leben können. Ebenso gut kann der Mensch eine bestimmte Kälte ertragen, aber wenn es unter diese Kälte hinuntergeht, dann erfriert er.

Das Eigentümliche ist, dass man gerade zwischen diesen zwei Temperaturen, zwischen der Kälte, bei der man anfängt zu frieren, und der Wärme, die man gerade noch aushalten kann, dass man gerade zwischen diesen zwei Temperaturen, in denen der menschliche Körper lebt, keine geistigen Wesenheiten sehen kann. Es ist also gar nicht besonders verwunderlich, dass der Mensch mit seinem Körper keine geistigen Wesenheiten wahrnehmen kann. Denn das ist geradeso, wie ich Ihnen das letzte Mal gesagt habe, dass in dem Moment, wo man anfängt zurückzudenken, und es so weit geht, dass man da anfangen würde, bewusst geistige Wesen zu sehen, man dann einschläft. Die meisten Menschen schlafen ein, wenn sie sich nicht vorher zum Wachsein erzogen haben.

Also, der Mensch könnte, wenn er weiter hinauf kommen würde als in die Temperatur, die er gerade noch aushalten kann, er könnte da bei höherer Temperatur geistige Wesen wahrnehmen. Aber er kann es nicht ertragen. Ebenso könnte der Mensch geistige Wesen wahrnehmen, wenn er sich ein Schneegewand machen könnte, sich in den Schnee stecken könnte. Aber er erfriert dabei.

Also das, was dem Menschen so unwahrscheinlich vorkommt, das ist eine Tatsache: dass sich die geistigen Wesen vor den Temperaturen zurückziehen, die der Mensch aushält, wenn er im physischen Leib ist. Der Mensch kann die anderen Temperaturen mit seinem Körper nicht aushalten, aber mit seiner Seele kann er sie aushalten. Nur, wie gesagt, schläft dann die Seele ein. Die Seele erfriert nicht, die Seele verbrennt auch nicht, aber sie schläft dann ein.

Es gibt zwei Dinge, wodurch der Mensch eine Ahnung bekommen kann, wie die Geschichte ist, wenn er in höhere oder tiefere Temperaturen kommt, als er aushält. Dafür will ich Ihnen ein Beispiel nennen.

Sehen Sie, der Mensch kommt in höhere Temperaturen, als er sonst aushält, wenn er auf innerliche Weise Fieber kriegt. Da kommt er zwar nicht in so hohe Temperaturen, dass er gleich daran zugrunde geht, aber weil die Wärme von innen erzeugt wird, kommt der Mensch bei der Fiebertemperatur in eine höhere Temperatur hinein, als in die er hineinkommt, wenn er kein Fieber hat.

Sie wissen, der Mensch fängt an, wenn er in diese höhere Temperatur, in die Fiebertemperatur hineinkommt, zu reden wie einer, der nicht auf der Erde ist. Denn was die Leute im Fieber schwätzen, das hat keinen Bezug zur Erde. Gerade wenn einer Materialist ist, müsste er sagen: Ja, aber das sind doch Gedanken, die da in der Fieberhitze ausgekocht werden, wenn sie auch nicht wahr sind!

Also, wir haben beim Menschen etwas, wo er in einen Zustand erhöhter Temperatur hineinwächst, wo er fiebert und wo er irrereden kann. Die Seele, die kann aber nicht irrereden. Wenn die Seele auch in noch so hohem Fieber ist, sie kann nicht irrereden. Sie redet irre bei höherer Temperatur, weil der Körper nicht in Ordnung ist.

Sie können sich das an einem Beispiel vergegenwärtigen. Denken Sie einmal an eine Kugel, wie man sie manchmal in Blumengärten aufstellt, die ein Spiegel ist, in dem sich die ganze Umgebung spiegelt. Wenn Sie da einmal hineingucken, da werden Sie ein Gesicht sehen, das Sie nicht gerne haben möchten. Solch ein Gesicht (s. Zeichnung; Tafel S. 138) möchten Sie nicht gerne haben. Aber Sie werden auch nicht sagen: Donnerwetter, was habe ich für

s. Tafel S. 138

ein Gesicht gekriegt! Sie werden nicht glauben, dass das Ihr Gesicht ist, weil es da in der Kugel so verändert ausschaut.

Wenn Ihre Seele im Fieber anfängt irrezureden, so werden Sie auch nicht sagen, Ihre Seele redet irre, sondern was Ihre Seele redet, das wird irre, weil es aus einem kranken Gehirn heraus redet, geradeso wie Ihr Gesicht so breitmatschig ausschaut, weil es in einem verzerrten Spiegel zum Ausdruck kommt.

Also, Sie müssen sich auch sagen: Wenn ich Fieber habe und dummes Zeug rede, dann ist es mit der Seele so, dass sie aus einem kranken Gehirn heraus redet. Ich habe auch kein anderes Gesicht, wenn ich vor dem Kugelspiegel stehe, aber alles erscheint verzerrt. So erscheint verzerrt, was der Fieberkranke redet, weil es aus einem kranken Körper und einem krank wirkenden Gehirn herauskommt.

Aber woher kommt das krank wirkende Gehirn? Es kommt daher, dass die ganze Blutzirkulation zu rasch vor sich geht. Ich habe nur den Puls zu fühlen, so spüre ich das schon. Also, diese Fieberhitze im Kopf wird dadurch erzeugt, dass die Blutzirkulation zu rasch vor sich geht. Durch die Blutzirkulation wird Wärme erzeugt, die steigt in den Kopf: Sie haben Fieber. Ihre Seele erscheint wie in einem unrichtigen Spiegel.

Auch der umgekehrte Zustand kann eintreten. Aber, sehen Sie, der tritt nicht dadurch ein, dass man sich in den Schnee legt und den Körper erfrieren lässt, denn da erfriert man wirklich. Der umgekehrte Zustand kann nur vom Geistigen aus eintreten. Da muss man vom Geistigen aus etwas machen. Dann kommt etwas sehr Merkwürdiges zustande.

Denken Sie einmal: Einer fängt an, furchtbar nachzudenken, denkt über die geringsten Kleinigkeiten nach. Es ist besser, über die geringsten Kleinigkeiten nachzudenken als über wichtige Sachen, über solche Kleinigkeiten, dass die meisten Menschen gar nicht darüber nachdenken wollen. Ich will Ihnen etwas zeigen: Wenn Sie hier ein Dreieck haben (s. Zeichnung; Tafel S. 138) und dieses Dreieck in vier

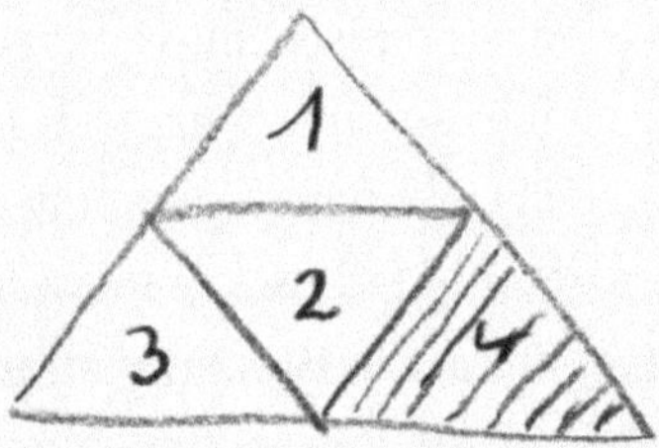


s. Tafel S. 138

gleiche Teile teilen, sodass Sie vier Dreiecke bekommen, so können Sie sagen: Das ganze Dreieck ist größer als jedes der vier kleinen Dreiecke.

Ich kann das jetzt verallgemeinern und sagen: Es gibt einen Lehrsatz, der heißt: Das Ganze ist größer als seine Teile. Wenn da ein satter Büromensch kommt und man ihm sagt: Du, denke einmal darüber nach, das Ganze ist größer als seine Teile!, so wird der sagen: Nein, das ist mir viel zu langweilig.

Und wenn man gar noch zu ihm kommt und sagt: Sieh einmal, die Tafel ist ein Körper, die hat eine bestimmte Größe, die ist ausgedehnt. Der Tisch ist auch ein Körper, der hat eine bestimmte Größe, der ist auch ausgedehnt, und ich bilde jetzt den Satz: Alle Körper sind ausgedehnt – denken Sie sich, meine Herren: Wenn Ihnen irgendwo in einer Versammlung die ganze Zeit nur über den einen Satz vorgetragen würde: Alle Körper sind ausgedehnt, würden Sie weggehen und sagen: Das war eine fade Geschichte, eine langweilige Sache.

Und wenn ich mit so etwas komme und Ihnen sage: Seht einmal, die Wiese ist grün, die Rose ist rot, alle Gegenstände haben eine Farbe. Gestern aber war eine Gerichtssitzung, da hat der Richter ein Urteil gefällt, das hat keine Farbe gehabt. Und an einem anderen Ort war auch eine Gerichtssitzung, da hat der Richter auch ein Urteil gefällt – das hat auch keine Farbe gehabt. Urteile haben keine Farbe: Wenn Ihnen einer eine Stunde lang darüber vortragen würde, Urteile haben keine Farbe, da würden Sie sich sagen: Ich habe eine Stunde lang mir angehört: Urteile haben keine Farbe. Aber das ist furchtbar langweilig, das ist grenzenlos langweilig!

Aber warum sind Ihnen diese Sachen langweilig? Ich müsste Ihnen diese Sachen nicht an die Tafel schreiben, müsste Ihnen nicht mit einer gewissen Spaßigkeit diese Sachen sagen, sondern ich müsste steif und ernst wie ein Professor hereinkommen und müsste sagen: Meine Herren, heute wollen wir uns über den Satz unterhalten: Urteile haben keine Farbe. Und dann müsste ich Ihnen eine ganze Stunde beweisen, dass Urteile keine Farben haben. Wie ich es Ihnen jetzt sage, das ist noch amüsant. Aber ich müsste so kommen und eine ganze Stunde über den Satz reden: Urteile haben keine Farbe, oder: Alle Körper sind ausgedehnt!

So könnten Sie auch zum Beispiel eine Linie ziehen, um von einem Punkt zum anderen zu kommen (s. Zeichnung;

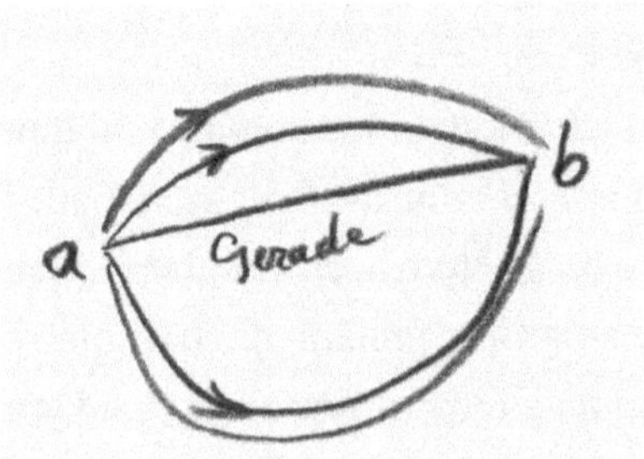

s. Tafel S. 138

Tafel S. 138). Die eine Linie ist gerade, alle anderen sind krumm. Aber wenn Sie das angucken, so werden Sie gleich sagen: Die Gerade ist der kürzeste Weg, alle anderen sind länger. Jetzt kann ich Ihnen wieder diesen Satz aufschreiben: Die Gerade ist der kürzeste Weg zwischen zwei Punkten. Wenn ich wieder eine ganze Stunde darüber reden wollte, würden Sie es wieder langweilig finden.

Es gibt einen deutschen Professor, der sagt: Von der geistigen Welt kann man schon etwas erkennen, aber nur das kann man von der geistigen Welt erkennen, was in solchen Sätzen liegt. Und nun trägt er seinen Schülern die Sätze vor, durch die man von der geistigen Welt etwas erkennt (die Sätze werden an die Tafel geschrieben, s. S. 138):

*«Das Ganze ist grösser als seine Theile.*
*Alle Körper sind ausgedehnt.*
*Urteile haben keine Farbe.*
*Die Gerade ist der kürzeste Weg zwischen zwei Punkten.»*

Und so weiter. Das ist das Einzige, sagt er, was man von der geistigen Welt wissen kann. Ja, die Schüler, die langweilen sich furchtbar in solchen Vorträgen. Heute ist es so, dass die Leute den Glauben gekriegt haben: Man muss sich bei der Wissenschaft langweilen. Deshalb sind die Schüler nicht gerade von dem Professor begeistert, der solches sagt. Aber das ist nur eine Zwischenbemerkung.

Die Geschichte ist diese: Wenn man solche Urteile in sich aufnimmt, solche Urteile fällt, solche Sätze: «Das Ganze ist größer als seine Teile», «die Gerade ist der kürzeste Weg zwischen zwei Punkten» und so weiter, dann wird es im Hinterkopf kalt. Das ist das Eigentümliche: Es wird im Hinterkopf kalt. Und weil es im Hinterkopf kalt wird, weil der Mensch anfängt zu frieren, will er gleich weg von solchen Sätzen. Sie sind ihm langweilig. Das ist nämlich das Merkwürdige: Bei der Langeweile wird es im Hinterkopf kalt. Nicht der ganze Mensch wird kalt, aber der Hinterkopf wird kalt. Der Hinterkopf fängt an, frieren zu wollen. Und der friert jetzt nicht durch Schnee oder Eis, sondern der friert durch das Seelische, dadurch, dass er solche Dinge denkt, für die er kein Interesse hat.

Sehen Sie, man kann sich über solche Sätze lustig machen. Aber die Sache ist die: Solche Sätze immer wieder mit Geduld zu denken, das heißt, sich immer wieder mit Geduld in furchtbare Langeweile zu versetzen, ist ein richtiger Weg, um in das geistige Schauen hineinzukommen. Es ist merkwürdig: Gerade was der Mensch nicht haben will, das muss er üben.

Die *Mathematik* ist für manchen langweilig. Aber weil sie schwer ist und man sich anstrengen muss, weil die Mathematik gerade den Hinterkopf kalt macht, deshalb kommen diejenigen, die Mathematik lernen, weil die so kalt ist und man sich bei der Mathematik anstrengen muss, deshalb kommen die am leichtesten in die geistige Welt hinein. Diejenigen, die sich überwinden und solche Sätze immer wieder erleben, die sich also die Langeweile künstlich anzüchten, die kommen am leichtesten in die geistige Welt hinein.

Ich habe Ihnen gesagt: Wenn man Fieber kriegt, dann wird der Puls schnell. Da wird man warm, da ist es so, dass man Hitze in den Kopf, in das Gehirn hineinkriegt. Da kommt man durch die Hitze hinein. Da redet man irre.

Wenn man sich aber mit solchen Sätzen plagt, wobei man ganz aufhören will zu denken, da wird das Blut nicht regsamer, sondern im Hinterkopf stockt es, das Blut. Und dadurch, dass das Blut stockt, sammeln sich dahinten Salze an. Salze sammeln sich da an.

Das ist ein Zweifaches, wie diese Salze sich äußern. Die meisten Menschen bekommen Bauchweh davon. Und weil sie das Bauchweh sehr rasch bemerken, weil es ihnen im Bauch unbehaglich wird, wenn sie solche Sätze denken sollen, so hören sie bald auf. Aber wenn einer solche Sätze immerfort denkt, wie es der Nietzsche gemacht hat, der als ein sehr großer Mann gegen Ende des 19. Jahrhunderts gelebt hat, der in seiner Jugend immerfort mit solchen Sätzen sich gequält hat, dann lagern sich viele Salze in seinem Kopf ab. Und Nietzsche litt fortwährend an Migräne.

Man muss es dahin bringen, dass man solche Sätze denken kann, ohne dass man Migräne kriegt. Man muss ein vollständig gesunder Mensch bleiben und künstliche Langeweile in sich erzeugen können. Sie sehen also, einer, der Ihnen ehrlich sagt, wie man in die geistige Welt hineinkommt, der muss Ihnen sagen: Sie müssen zuerst künstliche Langeweile in sich erzeugen, sonst können Sie überhaupt nicht in die geistige Welt hineinkommen.

Sehen Sie nur einmal die gegenwärtige Zeit an. Was will denn die gegenwärtige Zeit? Die gegenwärtige Zeit will fortwährend die Langeweile vertreiben. Wohin rennen die Menschen nicht überall, um ja keine Langeweile zu haben. Immerfort wollen sie sich amüsieren. Was heißt denn das, sich immerfort amüsieren wollen? Das heißt, vor dem Geist davonlaufen. Nichts anderes heißt das. Unsere Zeit will sich immerfort amüsieren. Wo irgendetwas Geistiges sein könnte, da rennt unsere Zeit immer gleich davon. Sie weiß es nicht, es geschieht unbewusst, aber dieses Sich-amüsieren-Wollen ist ein Davonlaufen vor dem Geist. Das ist schon so, meine Herren.

Und nur diejenigen können in den Geist hineinkommen, die sich nicht davor scheuen, das Amüsement einmal ganz zu lassen und künstlich in solchen Sätzen zu leben. Dann, wenn man es so weit gebracht hat, künstlich in solchen Sätzen zu leben, dass man dabei nicht mehr Migräne oder Bauchweh bekommt, sondern es aushalten kann, viele Stunden lang in solchen Sätzen zu leben, dann hat man die Möglichkeit, zum geistigen Schauen zu kommen.

Aber da muss noch eine Veränderung vor sich gehen. Man merkt von einem bestimmten Punkt an: Wenn man lange in solchen Sätzen gelebt hat, da fangen sie an, sich umzudrehen.

Da denke ich lange nach: Das Dreieck ist größer als seine Teile. Wenn ich genügend lange darüber nachdenke, so dreht sich mir der Satz um. Jetzt fängt es an, interessant zu werden, denn da bekomme ich folgende Anschauung: Wenn ich hier ein Dreieck habe, und ich nehme von diesem Dreieck dieses Viertel, indem ich das heraustue, dann fängt es an zu wachsen. Und es ist dann nicht mehr wahr, dass das

Ganze größer ist als seine Teile, als ein Viertel. Das Viertel ist plötzlich größer (s. Zeichnung; Tafel S. 139). Ich sehe, dass das Viertel größer ist, und ich muss jetzt sagen:

*Das Ganze ist kleiner als seine Teile.*

Jetzt habe ich mich in das hineingearbeitet, wie es in der geistigen Welt aussieht. Da schaut es entgegengesetzt aus. In der physischen Welt ist immer das Ganze größer als seine

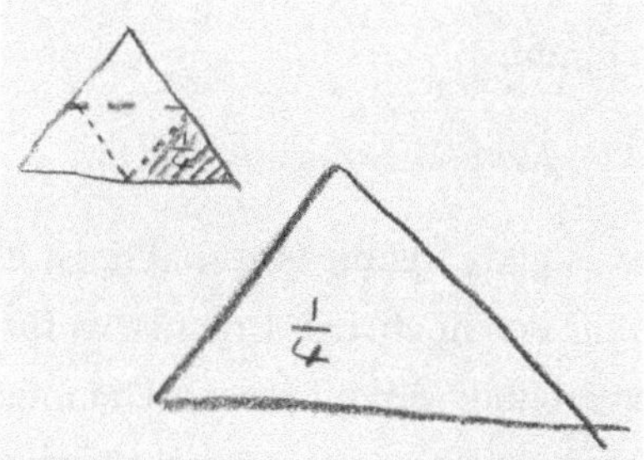

s. Tafel S. 139

Teile, in der geistigen Welt ist der Teil größer als das Ganze. Sie können keinen Menschen erkennen, wenn Sie nicht wissen, dass in der geistigen Welt der Teil bei ihm größer ist als das Ganze.

Die heutige Wissenschaft, die will immer auf das Kleinste schauen. Wenn Sie die Leber vom Menschen erkennen wollen, so ist sie kleiner als der Mensch, wenn Sie es hier im Physischen anschauen. Wenn Sie es aber geistig anschauen wollen, da wächst und wächst die Leber ins Riesenhafte. Da wird sie ein ganzes Weltall. Und wenn man das nicht beachtet, kann man die Leber nicht erkennen. Also, Sie müssen erst ehrlich zu dem Satz gekommen sein: Das Ganze ist kleiner als seine Teile, und: Der Teil ist größer als das Ganze.

Ebenso, wenn Sie genügend lange den Satz: Alle Körper sind ausgedehnt, gedacht haben, sodass die Gefahr besteht, dass Ihnen Ihr Gehirn hinten erfriert, wenn Sie lange diesen Satz gedacht haben, dann schrumpfen alle Körper zusammen, hören auf, ausgedehnt zu sein, und Sie bekommen das Urteil:

*Kein Körper ist ausgedehnt.*

Und jetzt etwas ganz Spaßiges – spaßig ist es nur für die physische Welt, von höchstem Ernst ist es für die geistige Welt. Sie können finden, es gibt nichts Dümmeres, als wenn ich sage: In Buxtehude hat eine Gerichtsverhandlung stattgefunden, da ist ein Urteil gefällt worden, das hat keine Farbe gehabt. In Trippstrill ist auch ein Urteil gefällt worden, das hat auch keine Farbe gehabt. Aber wenn Sie den Satz lange denken, dann bekommt das Urteil eine Farbe. Und geradeso, wie Sie sagen können: Die Rose ist rot, so können Sie sagen: Das Urteil von Buxtehude ist schmutzig gelb, und das Urteil von Tripstrill ist schmutzig rot. Es kann auch solche Urteile geben, die schön rot sind, aber das kommt selten vor!

Sehen Sie, da wachsen Sie hinein in den Satz: Alle Urteile, die die Menschen fällen, haben eine Farbe. Und jetzt erst ist man an dem Punkt, dass man überhaupt fähig wird, über die geistige Welt nachzudenken, weil diese die entgegengesetzten Eigenschaften von der physischen Welt hat. Da gilt:

*Urteile haben eine Farbe.*

Und der Satz: Die Gerade ist der kürzeste Weg zwischen zwei Punkten – das ist so richtig, dass man es einem in der Geometrie als ersten Lehrsatz auftischt. Für die physische Welt ist das nur so richtig, als es richtig sein kann. Aber denkt man genügend lange nach: Wenn einer von Dorf *a* zu Dorf *b* kommen will, der kein physisches, sondern ein geistiges Wesen ist, so kommt ihm der gerade Weg furchtbar lang vor, und der Weg kommt ihm furchtbar kurz vor, bei dem er im Halbkreis läuft. Und Sie kommen zu dem Urteil:

*Die Gerade ist der längste Weg zwischen zwei Punkten.*

Sehen Sie, das ist schon etwas, wobei man ein bisschen den Mund aufreißen kann! Die Welt, die geht auf solche Sachen gar nicht ein. Die sagt: Nun ja, wenn einer sagt: Urteile haben eine Farbe, dann hat er Fieber, oder er ist halt verrückt.

Aber darum handelt es sich, dass man zu diesen Dingen kommt – ohne seinen Körper, aber mit voller Vernünftigkeit. Denn die geistige Welt hat die entgegengesetzten Eigenschaften von der physischen Welt. Und man muss durch die allereinfachsten Sätze dazu kommen, weil die allereinfachsten Sätze die «unglaublichsten» sind.

Nicht wahr, wenn einer anfängt, interessant über die geistige Welt zu reden, da hören die Leute zu, überhaupt wie wenn ihnen Gespenstergeschichten erzählt werden. Wenn Ihnen aber einer sagt: Du musst dich zuerst daran gewöhnen, künstlich in dir die Langeweile zu erzeugen, künstlich musst du das machen, wie wenn du dich durch die äußere Wissenschaft langweilst, da wird dann nichts daraus.

Aber künstlich, durch innere Anstrengung muss man imstande sein, die Langeweile zu erzeugen, ohne dass man Migräne oder Bauchweh bekommt, ohne dass der Körper beteiligt ist. Ist der Körper beteiligt, so bekommt man sofort Migräne oder Bauchweh. Hören Sie sich nur einmal an, was die Leute sagen, wenn sie hören: Ihr müsst euch nicht durch den Professor langweilen lassen, das hilft euch nichts, da werdet ihr keine Geistesschauer, sondern ihr müsst nach und nach die Migräne und das Bauchweh überwinden.

Sehen Sie, der Student sitzt da, der Professor langweilt ihn furchtbar. Er soll eigentlich Migräne oder Bauchweh kriegen, aber das kriegt er nicht. Das schlägt auf andere Organe, die weniger wehtun. Und die Leute werden dann krank, weil der physische Körper mitmacht. Erzeugt man auf die Weise Langeweile, wie es in der heutigen Wissenschaft geschieht, dann macht man die Menschen nur krank.

Gibt man aber den Menschen die Anleitung, durch eigene Kraft, ganz frei, die Langeweile zu erzeugen, und gehen sie durch diese Langeweile, dann kommen sie nach und nach in die geistige Welt, die man so ergreifen muss, dass schon die allerersten Urteile in der geistigen Welt umgekehrt sind.

Es gibt ein außerordentlich gutes Mittel, wodurch man sehr tüchtig an sich selbst arbeiten kann: Das ist, wenn man etwas recht, recht lange in der Welt erlebt, und nachher, wenn es so langweilig geworden ist, dass man fortgelaufen ist, dass man es gar nicht mehr gemocht hat oder froh war, wenn es aus war, dass man dann anfängt, ganz, ganz langsam darüber nachzudenken.

Sehen Sie, ich habe daran selbst – das kann ich Ihnen verraten – furchtbar viel gelernt. Ich habe in meinem Leben, als ich jung war, furchtbar langweilige Vorlesungen gehört. Ja, ich muss sagen: Bevor die Vorlesung angefangen hat, da habe ich mich sogar gefreut auf die langweilige Vorlesung, weil das einen ebenso herausgebracht hat, wie sonst das Schlafen im Leben. Also, ich habe eine rechte Freude daran gehabt: Jetzt kannst du wieder einmal ein paar Stunden langweilige Vorlesungen hören! Aber wenn die Vorlesung angefangen hatte und der Professor sprach, dann hatte ich fortwährend den Eindruck: Der redet ununterbrochen, der stört einem die Langeweile auch noch!

Aber hinterher, da habe ich immer tief über alles Einzelne nachgedacht, was er gesagt hatte. Es hat mich nicht im Geringsten interessiert, aber ich habe jede Stunde von Anfang an wiederum durchgemacht, ganz richtig durchgemacht, manchmal eine Stunde so durchgemacht, dass es zwei Stunden gedauert hat. Ich habe diese natürliche Langeweile künstlich erzeugt.

Da machen Sie eine sonderbare Entdeckung, meine Herren. Gerade am Ende des 19. Jahrhunderts konnten Sie eine sonderbare Entdeckung machen. Denken Sie sich, Sie kommen gerade aus der Vorlesung eines riesigen Rhinozerosses – die gibt es ja – und Sie haben sich fürchterlich gelangweilt. Jetzt können Sie – und das ist gerade am Ende des 19. Jahrhunderts viel der Fall gewesen –, jetzt können Sie über die langweilige Vorlesung, wie man sagt, «meditieren». Also alles, was Sie furchtbar gelangweilt hat, das rufen Sie sich wiederum in die Seele herein. Da erscheint einem plötzlich hinter dem Menschen, der einem wie ein Rhinozeros die größten Langweiligkeiten vorgetragen hat, da erscheint nach und nach etwas wie ein höherer Mensch, wie ein ganz geistreicher Mensch.

Und der Lehrsaal verwandelt sich Ihnen. Das ist so, dass man es in voller Vernünftigkeit begreifen kann. Ich kenne viele Professoren vom Ende des 19. Jahrhunderts, bei denen das der Fall war – aber ich will nicht, dass das wieder herumgeredet wird, sonst denken die Leute, das ist etwas ganz Schreckliches. Hinter denen erschienen immer die geistreichsten Menschen. Ja, was war denn das?

Das ist nicht wahr, dass die Menschen innerlich unbewusst so dumm sind, wie sie sich geben. Sie sind viel gescheiter, und gerade die Dümmsten sind manchmal sehr gescheit – das dreht sich auch um –, aber sie können ihre eigene Gescheitheit nicht begreifen. Das ist ein furchtbares Geheimnis, denn gerade hinter den Leuten steht oft das, was ihr eigentliches Seelisches ist. Das können sie selbst nicht begreifen. Ja, so kommt man in die geistige Welt hinein.

Sie wissen, am Ende des 19. Jahrhunderts hat es eine materialistische Naturwissenschaft gegeben. Die Leute beten heute immer noch die materialistische Naturwissenschaft nach. Ich muss sagen: Es ist ungeheuer nützlich gewesen, diese materialistische Naturwissenschaft kennenzulernen. Diese materialistische Naturwissenschaft hat vom Anfang bis zum Ende immer wieder die langweiligsten Sätze vorgebracht. Wenn man sich nur alle Finger ableckt, dass man so gescheit geworden ist und endlich weiß, dass der Mensch vom Affen abstammt, wie es die Naturwissenschaft sagt – ja, dann wird nichts daraus. Wenn man aber mit aller inneren Energie diesen Satz vom Affen immer wieder denkt, dann verwandelt er sich zuletzt in einen geistig richtigen Satz, und man merkt: Der Mensch stammt gar nicht vom Affen ab, sondern von einem geistigen Wesen.

Es gibt da auch Unterschiede. Ein Junge wurde einmal in die Schule geschickt. Zum ersten Mal hörte er von seinem Lehrer, dass der Mensch vom Affen abstammt. Er sagte zu Hause zu seinem Vater: Du, ich hab was gehört heute. Denke nur, der Mensch stammt vom Affen ab! I was denn!, sagte der Vater entrüstet. Du bist ein dummer Junge! Bei dir kann das der Fall sein, bei mir aber nicht! Sehen Sie, für den Vater war sie auch ganz unglaublich, die Geschichte, nur hat er sie auf das Seelische bezogen.

Aus all dem, was ich Ihnen erzähle, ersehen Sie, dass man sich auch in die Naturwissenschaft auf zweierlei Art hineinfinden kann. Und ich kann Ihnen sagen: Wenn man Naturwissenschaft nicht so gelernt hat, wie sie sehr viele im 19. Jahrhundert gelernt haben und bis heute lernen, sondern wenn man, statt alles nachzuplappern, meditativ darüber nachdenkt, immer wieder nachdenkt, stunden- und stundenlang durchdenkt, dann dreht es sich wieder um, und es kommt das geistig Richtige heraus.

Und wenn Sie lange über Pflanzen und Mineralien nachgedacht haben und lange dasjenige, was die Leute Ihnen heute in einer so furchtbar materialistischen Weise sagen, einfach durchdenken, dann kommen Sie zuletzt dazu, die Bedeutung des Tierkreises, die Bedeutung der Sterne, die ganzen Geheimnisse der Sterne vor sich zu haben. Aber der sicherste Weg ist, von solchen Sätzen auszugehen und darauf zu kommen (alle vier Sätze werden an die Tafel geschrieben, s. S. 139):

*«Das Ganze ist kleiner als seine Teile.*
*Kein Körper ist ausgedeh(n)t.*
*Urteile haben Farbe.*
*Die Gerade ist der längste Weg zw. 2 P.»*

Dadurch hat man sich von dem physischen Körper losgerissen. Wenn Sie dies alles durchmachen, dann kommen Sie dazu, statt Ihres physischen Körpers Ihren Ätherkörper benutzen zu können. Sie können dann anfangen, mit dem Ätherkörper zu denken. Und der Ätherkörper muss alles umgekehrt von der physischen Welt denken, denn durch den Ätherkörper kommt man allmählich in die geistige Welt hinein.

Aber da stockt es dann wieder, und man muss sich noch etwas anderes angewöhnen.

Sie wissen, wenn man heute Zeitungen liest, so kann einem etwas ganz Sonderbares passieren. Da habe ich zum Beispiel einmal, als ich in einer südösterreichischen Stadt war, die heute keine österreichische Stadt mehr ist, ein Abendblatt in die Hand gekriegt. Dieses Abendblatt hatte einen «Leitartikel», wie man es nennt. Da war eine furchtbar interessante Geschichte in allen Details, in allen Einzelheiten erzählt, eine politische Geschichte. Die erste Spalte, die zweite Spalte, die dritte Spalte las man, ganz furchtbar interessant. Dann kam ganz unten, noch auf derselben Seite, eine kleine Bemerkung. Da las man: Leider müssen wir mitteilen, dass all das, was in unserem heutigen Leitartikel steht, auf einer irrtümlichen Benachrichtigung beruht und kein Wort davon richtig ist.

Sehen Sie, das kann einem heute passieren. Es ist der radikalste Fall, aber wer heute Zeitungen liest, dem kann es soundso oft passieren, auf jeder Seite, dass er etwas liest, was einfach nicht wahr ist. Das erfährt er aber hinterher, dass es nicht wahr gewesen ist. Ich glaube, die meisten Menschen sind in diesen Sachen heute schon furchtbar stumpf geworden und nehmen Wahrheit und Lüge ganz gleichgültig auf. Wenn man in dieser Beziehung stumpf geworden ist, dass man Wahrheit und Lüge in gleicher Weise aufnimmt, dann kann man nicht in die geistige Welt hineinkommen.

Ich habe Ihnen das letzte Mal gesagt: Wenn einer verrückt wird, so ist nur sein Körper krank, die Seele wird nicht krank, die bleibt gesund. Heute habe ich Ihnen gesagt: Wenn einer im Fieber irreredet, so werden nur seine Gedanken zu Karikaturen, aber die Seele bleibt richtig.

Aber das muss man sich angewöhnen, wenn man in die geistige Welt hineinkommen will, dass einem bei einer unrichtigen Sache ein seelischer Schmerz kommt, und dass man bei einer richtigen Sache eine seelische Freude hat, dass man sich über die Wahrheit so freuen kann, wie wenn einem einer eine Million schenkt – ich meine eine Million Franken, nicht eine Million Mark! (Heiterkeit). So muss man sich freuen können, wenn man eine Wahrheit zu hören bekommt. Und man muss innerlich seelisch leiden können – nicht der Körper, sondern die Seele muss leiden –, wenn man irgendwo entdeckt: Da ist etwas erlogen, wie der Körper leidet, wenn er eine furchtbare Krankheit hat.

Nicht dass die Seele krank sein soll, aber die Seele muss Schmerz und Freude empfinden können, wie wenn der Körper krank oder ganz behaglich ist, oder wenn man äußerlich in der physischen Welt Schmerz oder Freude erlebt. Das heißt, man muss dazu kommen, die Wahrheit so zu fühlen, wie man im physischen Leben Freude, Glückseligkeit und Lust empfindet. Und man muss dazu kommen, das Unwahre so schmerzlich zu empfinden, innerlich-seelisch so krank zu werden, wie man sonst von den Störungen seines Körpers von allein krank wird.

Das heißt: Wenn einem einer den Buckel voll gelogen hat, so muss man sagen können, aber so, dass es stimmt: Donnerwetter! Der hat mir Tollkirschen zu essen gegeben! Das muss aber innerlich wahr sein.

Natürlich, wenn Sie in die heutige Zeit hineinschauen, das Zeitungswesen zum Beispiel betrachten, das gibt Ihnen immerfort Tollkirschen zu essen. Da müssen Sie fortwährend, wenn die Seele gesund bleiben soll, seelisch speien. Das müssen Sie sich, weil man ohne Zeitungen nicht leben kann, wenn Sie in die geistige Welt hineinkommen wollen, wiederum angewöhnen, dass Sie von der Zeitung einen schlechten Geschmack haben, und von dem, wo Sie etwas Ordentliches lesen, wo ein Mensch sich ganz ehrlich gibt, Freude haben, aber so daran Freude haben, wie Sie meinetwillen Freude an etwas haben, was sehr gut schmeckt.

Es muss Ihnen die Wahrheit und das Streben nach der Wahrheit gut schmecken, und es muss Ihnen die Lüge, wenn Sie sie gewahr werden, bitter, giftig schmecken. Sodass Sie nicht nur lernen müssen: Urteile haben eine Farbe, sondern auch lernen müssen, zu sagen: Druckerschwärze ist heute meistens Tollkirschensaft. Das müssen Sie aber mit aller Ehrlichkeit und Aufrichtigkeit empfinden können. Dann, meine Herren, dann sind Sie bei dem, was man geistige Verwandlung nennt.

Die Leute reden von Alchemie und glauben, Alchemie kann äußerlich Kupfer in Gold verwandeln. Das werden Ihnen Scharlatane natürlich heute noch immer in allen Farben sagen. Das haben die Leute, die abergläubisch sind, lange geglaubt. Aber im Geist sind diese Dinge möglich, nur muss man an die Wahrheit des Geistes glauben.

Da muss man sich sagen können: Die Druckerschwärze, die der Drucker benutzt hat, ist materiell überall dasselbe, ob der ein wahres Buch oder eine lügenhafte Zeitung gedruckt hat. Das eine Mal ist aber Druckerschwärze richtiger Tollkirschensaft, das andere Mal ist es, wie wenn Gold fließen würde. Im Geist sind die Dinge, die in der physischen Welt dieselben sind, ganz verschieden.

Wenn aber dann die jetzigen gescheiten Leute kommen und man ihnen sagt: Druckerschwärze kann fließendes Gold oder Tollkirschensaft sein, dann sagen sie: Das meinst du bildlich, nur bildlich ist das gemeint. Ja, das Bildliche, das muss richtig geistig werden. Man muss verstehen, wie die Sachen geistig sind.

Sehen Sie, da will ich Ihnen einmal aus der sozialdemokratischen Parteigeschichte ein Beispiel erzählen. Sie haben das vielleicht hier weniger miterlebt, aber in einer gewissen Zeit hat sich die sozialdemokratische Partei in zwei Teile gespalten. Die einen waren diejenigen, die unter Bernstein und ähnlichen Leuten waren. Das waren die, die gern allerlei Kompromisse mit den Bürgerlichen geschlossen haben. Und das andere waren die Radikalen, und an der Spitze der Radikalen hat bis zu seinem Tod der Bebel gestanden. Sie werden wenigstens noch aus der Literatur vom Bebel wissen.

Es war einmal – das war in Dresden – eine Parteiversammlung und Bebel ist über die anderen fuchtig (zornig) geworden und hat gesagt: Er wird Ordnung machen in der Sozialdemokratie. Da hat er eine sehr wuchtige Rede gehalten und hat im Verlauf dieser Rede gesagt: Ja, wenn das und das von der anderen Partei geschieht, dann läuft mir eine Laus über die Leber!

Jeder wird natürlich sagen: Das ist bildlich gemeint, dass dem Bebel eine Laus über die Leber läuft, denn da läuft ihm nicht wirklich eine Laus über die Leber. Aber warum wird solch ein Ausdruck gebraucht? Der Bebel hat ihn natürlich nicht deshalb gebraucht, sondern er hat ihn gehört und hat ihn für etwas angewendet, wo man sich furchtbar ärgert: Da läuft mir eine Laus über die Leber!

Aber warum ist denn der Ausdruck so? Warum kann man davon sprechen, dass einem eine Laus über die Leber läuft? Es geht nicht jedem so wie dem Itzigsohn, der sich immer Läuse vom Kopf herunterholte, und als ihn einmal einer fragte: Ja, sag einmal, wie kommt es nur, dass du so gescheit bist und immer eine Laus erhaschst?, da sagte er: Ist keine Kunst, greife ich daneben, habe ich auch eine! Also, nicht jedem geht es so, dass er gleich, wenn er eine Laus fangen will und danebengreift, auch eine hat. Sondern es ist meistens höchst unangenehm, wenn die Leute Läuse kriegen, es ist ihnen furchtbar unangenehm, es ist ein gräuliches Gefühl.

Sie hätten nur sehen sollen: Als ich Erzieher war, da kam einmal einer von den Jungen, die ich erziehen musste, nach Hause. Er war ausgegangen, hatte sich in der Großstadt auf allerlei Bänke gesetzt, hatte nach und nach Augenschmerzen, furchtbare Augenschmerzen gekriegt. Nun war man sich im Unklaren, welchen Spezialisten man da holen sollte, wenn der Junge solche schrecklichen Augenschmerzen hatte. Ich sagte: Wir wollen es zuerst mit einer Läusesalbe probieren und ihm damit die Augenbrauen einsalben. Als man richtig nachsah, da war er ganz verlaust. Und als die Salbe gewirkt hatte, da gingen auch die Tränen von den Augen weg.

Ja, Sie hätten nur sehen sollen, wie die Leute dreinschauten, die Mutter und die Tante, als der Junge plötzlich Läuse hatte. Da bekamen sie solche Gefühle, die bis in die Leber hineingingen. Da wurde es ihnen im Bauch ganz unangenehm: Donnerwetter, unser Junge hat Läuse, das ist ja etwas Schreckliches! Und das kommt einem dann so stark vor, als wenn die Laus über die Leber laufen würde. Dieser Ausdruck kommt von der wirklichen Empfindung her, die man gehabt hat, wenn die Leute Läuse bekommen haben.

Natürlich, in irgendeiner Partei geschieht das nicht so, dass die Leute «lausig» werden. Aber sie treiben etwas, wovor man einen solchen Abscheu kriegt, wie wenn einem in früheren Zeiten oder in einer gewissen Gesellschaftsklasse Läuse über die Leber gelaufen sind. Also Sie sehen: So, wie der Ausdruck gebildet worden ist, da konnte er noch einer Wirklichkeit entsprechen. Nachher werden solche Ausdrücke so angewendet, dass man sie nur noch beim Geistigen, beim Seelischen anwendet.

Aber das muss man künstlich zusammenbringen, meine Herren. Man muss das tatsächlich können, dass man nicht allein dem phrasenhaften Wortlaut nach, sondern tatsächlich, richtig ehrlich empfindet: Da habe ich eine Zeitung vor mir, da wird wohl das meiste, was da drin ist, so sein, dass die Druckerschwärze Tollkirschensaft ist. Ich möchte wissen, was die Leute tun würden, wenn sie das heute ehrlich empfinden würden.

Denken Sie nur einmal, wie viel Tollkirschensaft verwendet worden ist, um über die Kriegsschuld und über die

Kriegsunschuld zu reden, und wie die Leute einfach dadurch, dass sie entweder zu dem oder zu jenem Volk gehören – nicht, weil die Sachen wahr sind, sondern weil sie das eigene Volk unschuldig sprechen, mit allen möglichen Unwahrheiten unschuldig sprechen –, Wohlbehagen empfinden. Ja, wie sollen denn die Menschen in der Gegenwart in den Geist hineinkommen!

Man muss den starken Entschluss fassen, den ganz intensiven Entschluss fassen, ganz anders zu sein als ein Mensch der Gegenwart, und dennoch muss man natürlich mit den Leuten auskommen. Denn wenn man sich gleich auf das Podium stellt und anfängt, über die Leute zu schimpfen, dann kann es natürlich nichts helfen. Aber man muss für die Wahrheit eine Gasse suchen. Und das ist so schwer, wie ich es Ihnen heute dargestellt habe.

Nun habe ich Ihnen heute schwere Partien bringen müssen, damit Sie sehen: Es ist keine Leichtigkeit, in die geistige Welt hineinzukommen. Wir kommen dann schon wiederum zu Dingen, die Sie weniger anstrengen werden.

Wenn ich das nächste Mal fortsetze, werden Sie sehen, wie der Weg in die geistige Welt hinein ist.

Dritter Vortrag

# Vom Traum lernen

## *Spirituell, nicht spiritistisch, zum Geist kommen*

*Dornach, 7. Juli 1923*

Guten Morgen, meine Herren!

Ich habe Ihnen im letzten Vortrag ausgeführt, dass der Mensch heute nichts erkennen kann, denn das Denken, das man heute hat, taugt nicht dazu.

Früher, selbst noch vor 1000, 1500 Jahren, hat derjenige, der denken lernen wollte, sein Denken erst ausbilden müssen. Man hat nicht geglaubt, dass man mit dem gewöhnlichen Denken, das man schon hat, die geistige Welt begreifen kann. Es war eine Art von Schulung des Denkens da.

Heute wird durch all unsere Bildung, die wir haben, der Mensch gar nicht dazu veranlasst, sein Denken auszubilden. Daher kann er in Wirklichkeit gar nicht denken. Das will ich Ihnen an einem Beispiel erklären, das Sie in diesen Tagen in der Zeitung[1] haben lesen können (s. Faksimile S. 144):

> *Ein oft wiederkehrender Traum* ist der sogenannte «Flugtraum». Wir träumen zu fliegen, zu schweben, oder zu fallen und zwar sehr häufig gleich nach dem Zubettgehen.

---

1 In den *Basler Nachrichten* vom 5. Juli 1923 war ein Bericht über den Aufsatz von Richard Traugott über Traumpsychologie.

Sie kennen alle diese Tatsache, Sie haben alle das schon gehabt, dass Sie im Traum geflogen sind. Das will jetzt einer erklären, der nur an das naturwissenschaftliche Denken gewöhnt ist. Sie werden gleich sehen, dass man mit diesem Denken überhaupt zu nichts kommt, wenn es sich um solche Dinge handelt.

> Dieser Traum, führt Dr. *Richard Traugott* in der «Natur» aus, wird durch ein wirklich stattfindendes ruckartiges Zusammenzucken des Körpers hervorgerufen.

Also, was glaubt der Mann? Er glaubt: Wenn man am Einschlafen ist, zuckt der Körper zusammen. Aber ich frage Sie: Sind Sie nicht auch schon oft zusammengezuckt, wenn Sie wach gewesen sind? Wann zucken Sie zusammen? Ich denke, Sie zucken zusammen, wenn Sie einen Schreck erleben, wenn Sie irgendetwas erleben, was Sie in Schrecken und vielleicht in Angst versetzt, was Sie im Augenblick furchtbar überrascht. Dann zucken Sie zusammen.

Sie können auch dann zusammenzucken, wenn Sie da draußen herumgehen und plötzlich einen Menschen sehen, von dem Sie glauben, er sei in Amerika. Wenn Sie ihn wahrnehmen, zucken Sie zusammen, weil Sie überrascht sind. Aber Sie werden sich niemals einbilden, wenn Sie anfangen zusammenzuzucken, dass Sie meinen, Sie fliegen! Es fällt Ihnen, man kann schon sagen, «im Traum» nicht ein, wenn Sie zusammenzucken, dass Sie dann meinen, Sie fliegen.

Also Sie sehen, von was für verwirrten Gedanken man da überhaupt ausgeht, wenn man meint, man kann die Vorstellung vom Fliegen bekommen, wenn man mit dem Körper zusammenzuckt. Daraus sehen Sie: Der Mensch macht sich Gedanken, aber die passen gar nicht in dem Moment, wo man damit irgendetwas am Menschen erklären will. Diese Gedanken passen, solange man im Labor mit leblosen Stoffen experimentiert. Aber in dem Moment, wo man am Menschen etwas erklären soll, passen sie nicht mehr. Es geht dann weiter:

> Die Ursache dieses Zusammenzuckens liegt in dem unterschiedlichen Verhalten der Muskelspannungen im Wachen und im Schlafen: Beim Wachen gehen den Muskeln des Körpers von Seiten des Zentralnervensystems ständig Energieströme zu, …

– also er nimmt an, dass beim Wachen von den Nerven in die Muskeln immer elektrische Ströme, Energieströme hereingehen –

> … die die Muskeln in diejenige Spannung versetzen, die zur Erhaltung des Körpergleichgewichts sowie zu dem notwendigen gleichmäßigen Zusammenspiel der Muskulatur überhaupt erforderlich sind; im Schlaf fällt diese Muskelspannung zum größten Teil fort und da in der ersten Periode des Schlafes die Reflexerregbarkeit des

> Rückenmarks gesteigert ist, so bewirkt der Vorgang des [der] Muskelentspannung bezw. der durch ihn auf das Rückenmark ausgeübte Reiz leicht jenen Ruckreflex, d. h. eben das Zusammenzucken des Körpers.

Es soll also auf das Nervensystem im Rückenmark ein Reiz ausgeübt werden, der soll dann weiterwirken, und der spannt die Muskeln stärker und so weiter. Und so kann im Schlaf etwas zustande kommen wie die Vorstellung des Fliegens, Schwimmens, so, wie wenn etwas insbesondere in die Rhythmen der Atmungsmuskulatur und des Brustkastens hineinwirkt.

Jetzt denken Sie, wenn Sie ins Keuchen kommen und der Brustkorb angespannt ist, ob Sie da schon einmal das Gefühl gehabt haben, dass Sie schwimmen. Oder gar, ob Sie da schon einmal das Gefühl gehabt haben, dass Sie fliegen. Da fühlen Sie sich ja erst recht schwer! Und weiter heißt es in dem Artikel:

> Andere faktisch vorhandene Organempfindungen mögen noch direkter auf das Zustandekommen des Gefühls vom Fliegen, Schweben in der Luft, Schwimmen hinwirken: insbesondere die rhythmischen, sich hebenden und senkenden Bewegungen der Atmungsmuskulatur und des Brustkastens, sowie namentlich auch der Wegfall der Empfindungen des Druckes und des Unterlagenwiderstandes,

die wir im Wachen an allen den Körperstellen haben, die auf einer Unterlage aufruhen.

Ja, aber, meine Herren, wenn man im Wachen geht, dann ist man auf einer ganz kleinen Unterlage. Man hat das Gefühl, dass man auf seinen Fußsohlen geht. Und wenn man beim Wachen sitzt, dann hat man das Gefühl, dass man eine etwas größere Unterlage hat als bloß die Fußsohlen. Aber auch wenn Sie diese Unterlage in der Größe zusammenzählen mit der Größe der Unterlage der Fußsohlen, so ist sie immer noch klein im Verhältnis zu dem Raum, den man als Unterlage einnimmt, wenn man schläft. Es ist doch ein größerer Raum nötig, wenn Sie sich niederlegen und schlafen, als wenn Sie im Wachen gehen oder sitzen.

Also Sie sehen, dass man mit diesem Denken dazu kommt, einfach Unsinn zu behaupten. Und das ist heutige Wissenschaft über den Menschen! Er meint: Da gehen elektrische Ströme in die Nerven hinein. Die sind stärker, wenn man schläft, die drücken auf die Muskeln und man kommt zur Vorstellung des Fliegens, sodass man glaubt, dass man fliegt. Oder es fällt im Schlaf die Unterlage weg. Es ist eigentlich nicht zu glauben, was da gesagt wird:

> … auch der Wegfall der Empfindungen des Druckes und des Unterlagenwiderstandes, die wir im Wachen an allen den Körperstellen haben, die auf einer Unterlage aufruhen.

Es ist gar nicht zu glauben, dass ein Mensch sich einen solchen Einwand nicht macht, dass man doch im Schlaf auf einer viel größeren Unterlage ruht. Aber er tut es nicht, weil das heutige Denken, wenn es nicht solchen Unsinn behauptet, überhaupt nicht zu einer Erklärung kommt.

Wir wollen uns einmal einiges von dem klarmachen, was da wirklich geschieht, wenn der Mensch einschläft. Denn daraus werden Sie sehen, wie man zu der Erkenntnis von einer höheren, geistigen Welt kommt.

Ich will Ihnen das zunächst ganz bildlich aufzeichnen. Sie wissen, dass das nur eine Verbildlichung ist, aber nehmen Sie an, Sie hätten hier den physischen Körper eines

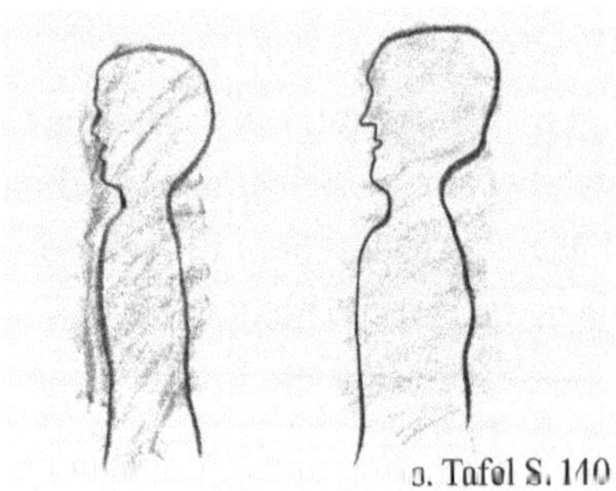
s. Tafel S. 140

Menschen (s. Zeichnung, links; Tafel S. 140). In diesem physischen Körper des Menschen steckt extra der Ätherkörper drinnen, ein übersinnlicher Körper. Den will ich gelb einzeichnen. Der ist also da drinnen, der füllt ihn aus, aber er ist unsichtbar. Diese zwei Körper, der physische Körper und der Ätherleib, die bleiben während des Schlafens im Bett liegen.

Wenn wir wachen, ist in diesen zwei Körpern noch der astralische Körper drinnen. Das will ich so zeichnen, dass ich noch das Rote darüber mache. Und da drinnen steckt außerdem noch das Ich, das vierte Glied, das will ich undeutlicher zeichnen. So ist der wache Mensch: physischer Leib, Ätherleib, Astralleib und Ich. Die stecken ineinander.

Schauen wir uns jetzt den schlafenden Menschen an. Der hat nur den physischen Leib und den Ätherleib im Bett liegen (s. Zeichnung vorige Seite, rechts; Tafel S. 140). Außerhalb des Bettes sind der astralische Leib – der ist herausgegangen – und das Ich, der Ich-Leib (s. Zeichnung; Tafel S. 140, ganz rechts).

Dasjenige, was im Bett liegen geblieben ist, das ist wie eine Pflanze. Denn die Pflanze hat auch einen physischen Leib und einen Ätherleib. Wenn die Pflanze keinen Ätherleib hätte, wäre sie ein Stein. Da würde sie nicht leben, würde nicht wachsen. Also das, was im Bett liegen bleibt, ist wie eine Pflanze. Die Pflanze denkt nicht. Das, was da im Bett liegen bleibt, Sie wissen es ganz genau, das denkt auch nicht in dem Sinne, dass das Denken bewusst ist. Die Gedanken sind da drinnen – das habe

s. Tafel S. 140

ich Ihnen neulich erklärt –, sogar heller als die Gedanken, die wir verwenden, wenn wir bewusst sind. Aber bewusste Gedanken sind nicht da, das ist wie bei der Pflanze.

Aber draußen, da ist der Mensch so, dass er keine Begrenzung mehr spürt. Sie können sich erklären, woher das kommt, dass, wenn wir aus dem Körper herausgehen, sogleich das Bewusstsein schwindet. Wenn Sie in Ihrem Körper drinnen sind, müssen Sie Ihren astralischen Körper so klein machen, wie der physische Körper ist. Wenn Sie herausgehen, dann fängt der astralische Leib plötzlich an, riesengroß zu werden, nach allen Seiten herauszugehen, weil der physische Leib ihn nicht mehr anzieht, nicht mehr klein macht. Sodass Sie in dem Moment, wo Sie einschlafen, aus Ihrem physischen Leib herausrücken, immer größer und größer werden.

Jetzt denken Sie, meine Herren, Sie trinken ein Glas. Damit die Sache nicht so herauskommt, als ob ich jetzt für den Alkohol rede – Sie wissen, das ist jetzt in der Schweiz ein unangenehmes Thema geworden –, so will ich sagen: Sie trinken ein Glas Wasser mit ein bisschen Himbeersaft. Wenn Sie in ein Glas Wasser etwas Himbeersaft hineintun, dann haben Sie den Geschmack von Himbeersaft. Denken Sie aber, Sie nehmen statt eines Glases ein so großes Gefäß, in das fünf Flaschen Wasser hineingehen, und Sie geben nur so viel Himbeersaft hinein, wie Sie früher in ein Glas hineingetan haben und rühren es gut um. Da muss sich der Himbeersaft über viel mehr Wasser ausdehnen, da haben Sie schon weniger Himbeergeschmack (s. Zeichnung; Tafel S. 141).

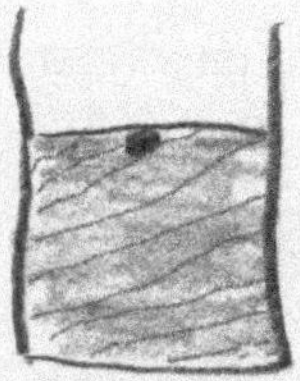

s. Tafel S. 141

Als ich ein kleiner Bub war, bin ich in der Nähe einer Weinhandlung aufgewachsen. Da gab es Keller mit Fässern von vierhundert Eimern Wein. Wenn man das mit Wasser angefüllt hätte, also ein Fass mit vierhundert Eimern voll Wasser statt Wein, und hätte dahinein das bissel Himbeersaft gegeben und das Ganze durcheinandergerührt, da hätten Sie von dem Wasser trinken können und hätten von dem Himbeersaft nichts mehr geschmeckt. Das ist ja klar.

Nun, meine Herren, solange der astralische Leib so klein wie Ihr physischer Leib ist, ist er wie der Himbeersaft in einem Glas Wasser. Ihr astralischer Leib ist nur so weit ausgedehnt, als Ihr physischer Leib reicht. Wenn Sie aber im Schlaf herausgehen, da zieht der physische Leib das nicht mehr zusammen, da wird der astralische Leib ausgedehnt wie der Himbeersaft in den vierhundert Eimern Wasser. Und daher haben Sie in diesem astralischen Leib kein

Bewusstsein mehr, denn das Bewusstsein entsteht dadurch, dass sich der astralische Leib zusammenzieht.

Jetzt werden Sie aber auch eine richtige Erklärung von dem kriegen, was vorgehen muss, wenn man einschläft. Solange wir wachen, steckt unser astralischer Leib in unseren Fingern drinnen, in den Zehen drinnen, überall in unseren Muskeln steckt der Astralleib drinnen. Wenn wir in unseren Muskeln den astralischen Leib fühlen, dann haben wir das Gefühl: Wir sind abhängig vom physischen Leib. Der physische Leib ist schwer. Wir fühlen die Schwere des physischen Leibes.

In dem Moment, wo wir herausgehen, lassen wir den physischen Leib mit seiner Schwere zurück. Wir fühlen uns in diesem Moment, bevor das Bewusstsein im Schlaf geschwunden ist, nicht mehr schwer. Wir fühlen nicht, dass wir herunterfallen, denn wir heben uns herauf. Wir fühlen eher, dass wir heraufschweben. Dieses Größerwerden, dieses Nicht-mehr-Gebundensein an den physischen Leib, das fühlen wir als Fliegen oder Schwimmen. Wir können uns frei bewegen, bis uns das Bewusstsein schwindet und wir ganz einschlafen.

Aber was sagt der Naturwissenschaftler der Gegenwart? Er sagt: Wir zucken mit den Muskeln zusammen!

Wenn wir mit den Muskeln zusammenzucken, fühlen wir unsere Muskeln mehr, als wir sie gewöhnlich fühlen. Da bilden wir uns nicht ein, dass wir fliegen, sondern beim

Zusammenzucken fühlen wir uns erst recht an den physischen Körper gebunden. Denken Sie nur: Wenn einer dasteht und erstaunt ist, so reißt er den Mund auf. Warum? Weil er in seinen Muskeln so stark drinnen ist, dass er sich gar nicht mehr beherrschen kann. Also, gerade dieses Zusammenzucken und dieses In-den-Muskeln-Leben, das ist das Gegenteil von dem, was wir beim Einschlafen haben. Beim Einschlafen gehen wir gerade aus unseren Muskeln heraus.

Also, es handelt sich nicht um das Zusammenziehen der Muskeln, sondern um das Schlaffwerden der Muskeln. Wenn wir uns niederlegen und auf einer größeren Unterlage sind, da haben wir nicht nötig, die Muskeln mit unserem astralischen Leib zusammenzuhalten. Sie erschlaffen. Und nicht weil sie stärker gespannt werden, sondern weil sie schlaffer werden, weil wir gar nicht mehr auf die Muskeln eine Einwirkung ausüben müssen, deshalb glauben wir, von den Muskeln frei zu werden. Und wir entschweben mit unserem leichteren astralischen Leib.

Denken Sie sich, dass ich Ihnen das letzte Mal gesagt habe: Man muss lernen, umgekehrt zu denken. Hier sehen Sie es: Derjenige, der so denkt, wie man gegenwärtig gewohnt ist zu denken, der kriegt, wenn er beim Menschen etwas erklären will, das Gegenteil von dem heraus, was wahr ist. Man muss sich also zuerst ein richtiges Denken angewöhnen, das auch das Gegenteil von dem denken kann, was im Physischen ist. Die Leute haben sich abgewöhnt, richtig zu denken, so zu denken, dass man mit dem Denken ins Geistige hineinkommt.

Es gibt heute sehr viele Menschen, die unsere Sprache reden, und unsere Sprache hat auch das Wort «Geist». Aber die Menschen können sich nichts mehr unter Geist vorstellen. Sie können sich nur etwas Physisches vorstellen. Das haben Sie gesehen, man muss, wenn man sich das Geistige vorstellen will, zu etwas kommen, was gar keine physischen Eigenschaften hat, was man im Physischen gar nicht sieht.

Das Denken der Menschen ist heute schon so verdorben, dass sie auch das Geistige physisch sehen wollen. Sie werden daher Spiritisten. Sehen Sie, der physische Leib, der kann einen Tisch bewegen. Die Leute sagen: Wenn ich einen Tisch bewegen kann, so bin ich, so existiere ich. Wenn ein Geist existierend sein soll, so muss er auch einen Tisch bewegen können. Da fangen sie an, das Tischrücken zu machen, und dann lassen sie sich durch das Tischrücken die geistige Welt beweisen. Das ist deshalb so, weil das Denken krumm, verbogen ist. Das Denken ist materialistisch geworden: Das will auch den Geist auf physische Weise dahaben. Der Spiritismus ist das Allermaterialistischste, was es gibt. Das muss man nur begreifen.

Jetzt wird der eine oder andere von Ihnen sagen: Aber ich war schon mal dabei, wenn sich Menschen um den Tisch herumgesetzt und angefangen haben, ihre Hände zu einer Kette zu machen. Und dann haben sich die Tische bewegt, sind gesprungen und so weiter, alles Mögliche!

Das Äußere, das ist schon richtig: Sie können sich um einen Tisch herumsetzen, können eine Kette herum machen, und die Geschichte kann unter Umständen den Tisch in Bewegung versetzen. Aber das ist geradeso, wie wenn ich durch irgendeine kleine Bewegung eine große Bewegung hervorrufe. Denken Sie sich, Sie haben einen Eisenbahnzug, der vorne eine Lokomotive und einen Lokführer darauf hat. Der Lokführer steigt nicht von der Maschine ab, um sich hinten hinzustellen und zu schieben. Es würde ihm nicht gelingen, dadurch einen Schnellzug in rasche Bewegung zu versetzen. Sie wissen, der Lokführer macht nur eine ganz kleine Bewegung, und der Schnellzug geht sehr schnell voran. Die Maschine, die macht große Bewegungen. Warum? Ja, weil da die Umschaltung in der richtigen Weise vorhanden ist. Da wird auf physischem Weg durch eine kleine Bewegung eine große Bewegung bewirkt.

Geradeso ist es ein rein physikalischer Vorgang, wenn die Leute um den Tisch herum die Kette schließen. Dann fangen sie an, winzig kleine Zuckungen und dergleichen zu machen. Und siehe da, diese kleinen, winzigen Zuckungen setzen sich durch die Materie – die ist so kunstvoll durchgestaltet, die Materie! – in große Bewegungen um. Das ist ein ganz gewöhnlicher Vorgang.

Wenn einer darunter ist, der in seinem Unterbewusstsein irgendwelche Gedanken hat, dann setzen sich diese Gedanken in die zuckenden Fingerspitzen fort. Und dann kriegt man auf diese Weise auch Antworten und kann das im Alphabet ablesen. Aber das, was man da als Antwort kriegt, das ist immer im Unterbewusstsein von irgendjemandem vorhanden, der da ist, wenn die Antwort auch noch so geistreich ist. Ich habe Ihnen erklärt, dass der Mensch, wenn er nur ein wenig ins Unterbewusste hereinkommt, viel geistreicher ist, als er in seinem Bewusstsein ist. Das kommt auch beim Tischrücken zum Vorschein.

Also, dass die Leute Spiritisten geworden sind, das ist geradezu ein Beweis, dass der Materialismus in unserer Zeit sehr groß ist. Mit dem gewöhnlichen Denken kann man überhaupt nicht zu irgendwelchen Erklärungen kommen, die auf den Menschen irgendeinen Bezug haben. Da hat einer versucht in diesem Zeitungsartikel, den ich heute angeführt habe, einen Traum zu erklären, den Flugtraum. Er erklärt ihn gerade auf die entgegengesetzte Art, wie er erklärt werden soll. Aber die Leute können so etwas, was im höchsten Grad interessant ist, überhaupt nicht mehr studieren.

Ich habe Ihnen schon öfter über die Träume etwas erzählt: Ich will Ihnen heute eine wichtige Tatsache noch einmal hervorheben.

Denken Sie sich, meine Herren, jemand träumt, dass er in Basel über irgendeinen Platz geht. Aber plötzlich findet er – im Traum ist das möglich, nicht wahr, im Traum ist es so –, dass vor ihm ein Zaun steht. Der Zaun hat Latten, da eine, dort eine, da wieder eine – hier fehlt eine, da ist eine Lücke. Da hat er wieder eine Latte, da fehlt wieder eine (s. Zeichnung; Tafel S. 141). Und jetzt träumt er weiter, er will über diesen Zaun hinüberspringen und spießt sich auf der

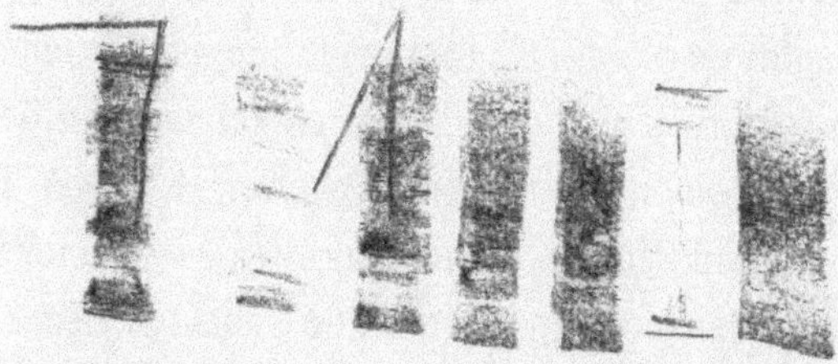

s. Tafel S. 141

Latte auf, und das tut ihm weh. Jetzt wacht er auf und merkt: Donnerwetter, du hast dich gar nicht aufgespießt, aber einen furchtbaren Zahnschmerz hast du!

Zahnschmerzen hat er und wacht mit diesen Zahnschmerzen auf. Sein Gebiss hat da oben eine Lücke, dann hat es hier oben wieder eine Lücke, das ist das, was er als Zaun mit fehlenden Latten im Traum gesehen hat. Das entspricht seinem oberen Gebiss mit fehlenden Zähnen. Dann greift er sich einen Zahn, und das ist gerade der, der ihm wehtut. Er ist hohl geworden und schmerzt. Solch einen Traum kann man wirklich haben.

Was ist da aber geschehen? Der ganze Vorgang hat sich im Schlaf abgespielt. Sie können sagen: Solange ich geschlafen habe, so lange war ich glücklich. Da habe ich meinen wahnsinnigen Zahnschmerz nicht gespürt. Ja, warum? Weil Sie mit Ihrem astralischen Leib draußen waren. Der physische Leib und Ätherleib spüren den Zahnschmerz nicht. Einen Stein können Sie beklopfen wie Sie wollen, ein Stückchen herunterschlagen – der Stein als solcher, als Stein, spürt es nicht. Die Pflanze können Sie auch zerreißen – sie spürt es nicht, weil sie auch keinen Astralleib hat, sondern nur einen Ätherleib. Sie würden sicher das Rosenschneiden und Blumenabreißen auf der Wiese unterlassen, wenn die Pflanzen immer so wie die Schlange zischen würden, weil es ihnen wehtut. Aber es tut der Pflanze nicht weh.

Und der Mensch ist wie eine Pflanze, wenn er schläft. Solange er schläft, tut ihm also der Zahn nicht weh. Wenn man mit dem astralischen Leib hereinschlüpft, kommt man im Hereinschlüpfen beim Gebiss an. Man ist zuerst im Gebiss drinnen. Sehen Sie, erst wenn man ganz im Körper drinnen ist, spürt man das, was einem im Körper wehtut. Wenn man noch nicht ganz drinnen ist, kommt einem das, was einem wehtut, so vor wie ein äußerer Gegenstand.

Denken Sie sich, ich würde ein Zündhölzchen anbrennen: Das sehe ich bloß brennen. Wenn ich darin stecken würde, würde ich es durch meinen Astralleib nicht bloß sehen, sondern ich würde es als Schmerz spüren. Solange ich noch nicht ganz drinnen bin in meinem Körper, sondern erst in meine Zahnreihe wie in einen äußeren Körper hineinschlüpfe, da spüre ich es wie einen äußeren Körper und mache mir ein Bild, das ähnlich ist. Geradeso, wie ich mir von den äußeren Gegenständen Bilder mache, so mache ich mir, wenn ich noch halb draußen bin, von meiner Zahnreihe ein Bild. Und weil ich mir noch nicht das richtige Bild machen kann – was man erst durch Geisteswissenschaft kann –, so mache ich mir das Bild einer Zaunreihe, statt einer Zahnreihe. Und weil ich drinnen in meiner Zahnreihe Lücken habe, sind in der Zaunreihe Latten ausgelassen.

Sie sehen, es entsteht beim Hineinschlüpfen, durch die Verwirrung, dass man in seinem Körper noch nicht ganz drinnen ist, ein Irrtum. Man hält das Innere für ein Äußeres, weil man im Schlaf draußen ist. Da ist das Innere ein Äußeres. Was einem da passiert, das habe ich bei kleinen Kindern gesehen. Wenn man die unterrichtet, so haben sie noch kein Gefühl für das richtige Sprechen. Ich habe es schon erlebt, dass einer, der eben erst angefangen hat zu schreiben, statt «Zahn» «Zaun» geschrieben hat (s. Tafel S. 141, rechts unten), statt Zähne Zäune. Da hat man ihm gesagt: Das ist falsch! Jetzt hat der beim Hereinschlüpfen Angst gekriegt – nicht beim Herausschlüpfen, sondern beim Hereinschlüpfen.

Da hat man also nicht einen Flugtraum, sondern einen Angsttraum: Wie bei dem Albdruck, kriegt das Kind Angst und macht das daraus – und aus dem Zahn ist ein Zaun geworden. Das Kind macht diesen Fehler. Und Sie werden immer sehen: Durch Worte kommen die Bilder des Traumes zustande. Irgendwelche Wortverbindungen sind immer da. Und so kann man einsehen, was geschieht.

Sehen Sie, wenn einer redet – Richard Traugott heißt er, er hat schon viel über den Traum geschrieben, was ebenso unsinnig ist wie das, was er jetzt über den Flugtraum schreibt –, wenn der redet und nur mit dem ganz gewöhnlichen Wissen der Gegenwart ausgerüstet ist, sagt er das Gegenteil von dem, was wirklich ist. Denn er versteht nicht, dass,

- weil der astralische Leib *beim Hinausgehen* groß wird, er sich wie ein *Flieger* vorkommt, und
- weil der astralische Leib beim *wieder Hereingehen,* eingezwängt wird, er sich wie einer vorkommt, der sich durchdrücken muss, seine Muskeln anspannen muss. Das gibt den *Angsttraum.*

Der Angsttraum tritt gerade dann ein, wenn der Mann, der den Artikel geschrieben hat, glaubt, dass der Flugtraum eintreten sollte. Beim Einschlafen kriegen Sie den Angsttraum nur, wenn das Einschlafen nicht ganz richtig vonstatten geht. Denken Sie sich, Sie liegen irgendwo und kriegen das Gefühl: Es würgt Sie jemand. Das geschieht dadurch, dass Sie beim Einschlafen sind, aber irgendwie ist eine Unruhe da – jetzt können Sie nicht richtig einschlafen.

Jetzt probieren Sie es wieder, mal raus, mal rein. Beim Hereinkommenwollen, was Sie aber nicht können, weil Sie noch zu müde sind, da würgt es Sie, weil der astralische Körper sich hereinzwängt, aber nicht richtig hereinkommen kann. Weiß man einmal diese Sache, dann kann man alle diese Dinge erklären.

Und das wird Sie auch darauf bringen, dass etwas anderes noch notwendig ist, wenn man die geistige Welt erkennen will. Man muss sich darüber klar sein, dass da der physische Körper nicht mitwirken kann. Gerade in dem muss man leben können, was der astralische Leib ist. Will man also die geistige Welt erkennen, muss man etwas zustande bringen, wobei man sonst einschläft.

Wenn man im gewöhnlichen Leben ist und mit seinem astralischen Leib aus dem physischen Leib herausschlüpft, schläft man ein. Ja, sehen Sie, da ist die Sache wie mit dem Beispiel, das ich Ihnen vorhin angeführt habe von dem großen Weinfass voller Wasser, in das Sie einen Tropfen Himbeersaft hineintun. Da wird der astralische Leib riesig groß. Wenn Sie den astralischen Leib erkennen wollen, so müssen Sie durch innere Kraft den astralischen Leib zusammenhalten können.

Wir können jetzt einen Augenblick statt des astralischen Leibes und des Ich des Menschen wieder den Tropfen Himbeersaft setzen. Schauen wir uns das einmal ganz bildhaft an: das Wasserglas, das da drinnen einen Tropfen Himbeersaft hat. Der Tropfen Himbeersaft, der dehnt sich aus. Ist er im Wasserglas drinnen, da spürt man ihn noch. Nehmen Sie aber jetzt etwas an – das kann ich natürlich nicht zeichnen –, was hunderttausendmal so groß ist. Da würden Sie nichts mehr davon sehen, wenn ich das in entsprechender Verteilung hineinbringen würde. Ebenso wenig kann man etwas davon spüren.

Nehmen Sie aber an, dieser Tropfen, das wäre ein Teufelskerl. Ich gebe ihn in das große Weinfass mit vierhundert Eimern Wasser hinein, und der Himbeertropfen, der ist ein

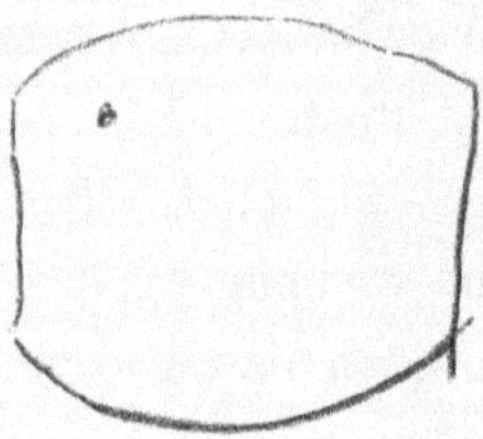

s. Tafel S. 141

richtiger Teufelskerl, der sagt sich: Da lasse ich mich nicht beimischen, ich bleibe der Himbeersafttropfen! Jetzt ist da das Fass ganz groß, und der Tropfen Himbeersaft bleibt ganz klein (s. Zeichnung; s. Tafel S. 141). Wenn Sie mit Ihrer Zunge hinkommen, durch das Wasser durchlecken und just an die Stelle hinkommen, wo der Tropfen Himbeersaft klein bleibt, da spüren Sie die Süße vom Tropfen

Himbeersaft. Der kann sich nicht wehren. Ich sage, er ist ein «Teufelskerl», nur um einen Ausdruck zu haben.

Die Gegner der Anthroposophie sind manchmal sehr spaßig. In einem Hamburger Blatt stand einmal, nachdem die Anthroposophie nach allen Seiten beschimpft worden war, wer ich bin. Und da stand, dass ich ein Teufelskerl bin. Also, das war ganz ernsthaft gemeint, dass da der Teufel in die Welt gekommen ist. Ich sage nur, der wäre ein Teufelskerl, der Tropfen Himbeersaft, wenn er sich klein erhalten könnte, wenn man ihn in das Wasser hineingibt.

Das ist mit dem astralischen Leib anders. Wenn er herauskommt, kann er sich nicht so klein halten, wie er im physischen Leib drinnen ist. Da muss man selbst die Kraft entwickeln, den astralischen Leib so klein zu halten. Das kann man dadurch, dass man ein scharfes Denken entwickelt. Ich habe Ihnen gesagt, man muss ein selbstständiges Denken entwickeln.

Ein selbstständiges Denken ist ein stärkeres Denken als das schwache Denken, das die Leute haben. Die erste Bedingung ist ein scharfes Denken. Die zweite Bedingung ist das Rückwärtsdenken. Die äußeren physischen Dinge laufen vorwärts: Lernt man rückwärts denken, dann lernt man stärker denken. Und lernt man noch dasjenige, was ich Ihnen das letzte Mal gesagt habe: Jeder Teil ist größer als das Ganze, was dem Physischen widerspricht, dann lernt man sich in die Welt hineinversetzen, die nicht wie die physische

Welt ist, sondern das Gegenteil von dem Physischen ist. Dann lernt man sich in die geistige Welt hineinversetzen.

Durch all diese Dinge wird bewirkt, dass der astralische Leib, obwohl er aus dem physischen Leib herausgeht, sich klein erhalten kann, dass er sich nicht in das allgemeine astralische Meer ausdehnt. Das ist zusammenstimmend, aber Sie müssen sich auch ganz klar darüber sein, dass alle diese Dinge mit derselben Nüchternheit, Wissenschaftlichkeit betrachtet werden müssen, wie die Dinge des äußeren physischen Lebens betrachtet werden. Sobald man in die Fantasterei hineinkommt, geht es nicht mit der Geisteswissenschaft. Fantastisch darf man nicht werden.

Nehmen wir an, Sie haben einen Schmerz in Ihrer großen Zehe. Diesen Schmerz in Ihrer großen Zehe, den spüren Sie durch Ihren Astralleib. Wenn Sie nur den physischen Leib hätten, würden Sie keinen Schmerz spüren, wenn Sie nur den Ätherleib hätten, würden Sie auch keinen Schmerz spüren, sonst würde die Pflanze quieksen, wenn man sie anfasst, die Blume quieksen, wenn man sie anfasst.

Nun, Sie quieksen, wenn Sie einen Schmerz in der großen Zehe haben, das heißt, Sie quieksen vielleicht nicht, aber Sie wissen, was ich meine. Wir «quieksen» alle, wenn wir einen Schmerz in der großen Zehe haben. Warum? Wir haben unseren astralischen Leib über den ganzen physischen Leib ausgebreitet. Wenn wir mit unserem astralischen Leib an die Stelle in unserer großen Zehe kommen, wo irgendetwas unordentlich ist, dann bringen wir das durch unseren astralischen Leib bis ins Gehirn herauf (s. Zeichnung; Tafel S. 140, Mitte). Jetzt machen wir uns eine Vorstellung von unserem Schmerz.

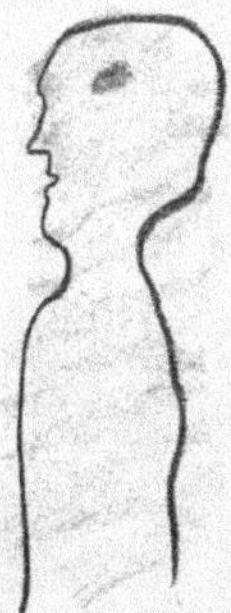

s. Tafel S. 140

Nehmen Sie aber an, jemand hat ein krankes Gehirn. Wenn jemand ein ganz gesundes Gehirn hat, hat er in diesem Gehirn auch eine Stelle, durch die er den Schmerz in seiner großen Zehe wahrnehmen kann. Man braucht eine gesunde Stelle im Gehirn, damit man den Schmerz in der großen Zehe wahrnehmen kann. Nehmen wir aber an, diese Stelle im Gehirn ist krank. Ich habe Ihnen gesagt: Die Seele, der astralische Leib kann nicht krank werden, aber das physische Gehirn kann krank werden.

Wenn diese Stelle im Gehirn krank ist, kann der Schmerz in der großen Zehe nicht wahrgenommen werden. Was tut der Mensch? Ja, meine Herren, ein Stückchen des physischen Gehirns ist krank, aber an der Stelle ist noch immer der Ätherteil des Gehirns. Der Ätherteil des Gehirns, der da sitzt, der wird jetzt nicht durch den physischen Teil unterstützt. Was tut da der Ätherleib?

Der Ätherleib, der macht aus Ihrer großen Zehe einen Berg. Er nimmt nicht mehr bloß die große Zehe wahr, er macht einen Berg daraus. Und den Schmerz, den gestaltet er zu lauter kleinen Geistern um, kleinen Berggeistern, die da drinnen sitzen (s. Zeichnung; Tafel S. 140, ganz links). Jetzt haben Sie Ihre große Zehe in den Raum hinausgesetzt, weil Sie ein krankes Gehirn gehabt haben. Und jetzt schwören Sie darauf: Vor Ihnen steht ein Berg! Aber der ist bloß Ihre große Zehe.

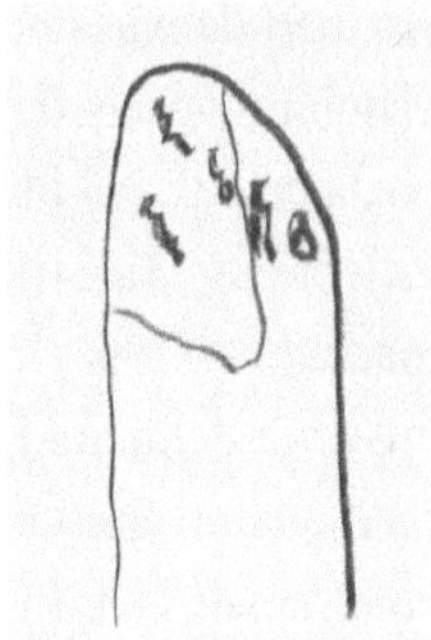

s. Tafel S. 140

Das ist eine Wahnidee. Davor muss man sich hüten, meine Herren, wenn man in die geistige Welt eindringen will, solche Wahnideen zu haben, sonst kommt man in die Fantasterei hinein. Wodurch kann man das erreichen?

Das muss man durch eine Schulung erreichen. Man muss wissen, was alles vom physischen Körper kommen kann, wenn er irgendwo krank ist. Dann wird man nicht mehr das, was einem als ein richtiger Geist erscheint, mit dem verwechseln, was nur aus dem physischen Körper aufsteigt.

Also, zu dem tätigen Denken, zu dem Rückwärtsdenken, zu dem Denken, das ich Ihnen das letzte Mal beschrieben habe, wo man ganz anders denkt als in der physischen Welt, muss auch das kommen, dass man genau weiß: Das und das rührt nur von deinem physischen Körper her. Diese Vorbereitungen, die muss man haben. Diese Vorbereitungen hat man früher gehabt, damit die Menschen in die geistige Welt eindringen konnten. Auf die alte Art gab es auch eine gewisse Kunst, man nannte sie die Dialektik. Das heißt: Man hat denken lernen müssen. Heute, wenn man jemandem zumuten wollte, er soll erst denken lernen – der würde einem alle Haare ausreißen. Denn jeder glaubt, er kann doch denken.

Aber wenn man in die früheren Zeiten zurückgeht, ist es so, dass die Leute erst denken lernen mussten. Dieses Denkenlernen nannte man «Dialektik». Da musste man vorwärts und rückwärts denken, da musste man auch in der richtigen Weise die Begriffe gebrauchen lernen. Und wodurch geschah das? Das geschah dadurch, dass man das Denken am Sprechen lernte. Ich habe Ihnen einmal gesagt, dass auch das Kind zuerst sprechen und dann denken lernt, aber beim Kind ist das natürlich. Heute behält der Mensch das ganze Leben hindurch diese Kindlichkeit, aber sie taugt nicht für das spätere Leben.

Wenn man am Sprechen das Denken lernt, dann kriegt man bei jedem Ausatmen und Einatmen die Luft richtig herein und hinaus. Denn das Sprechen hängt mit dem richtigen Atmen zusammen. Man kriegt die Luft richtig herein und richtig hinaus. Es hängt sehr viel davon ab, dass man sich auf richtiges Sprechen einrichtet, weil das richtige Sprechen einen auch auf richtiges Atmen einrichtet. Derjenige, der richtig atmen kann, der kann lange sprechen, derjenige, der nicht richtig atmen kann, der ermüdet sehr bald, wenn er lange zusammenhängend spricht.

Durch diese Dialektik, durch diese Kunst hat man richtig sprechen und dadurch auch richtig denken gelernt. Heute können die Leute nicht richtig denken, denn sie stoßen alle Augenblicke mit ihrem Atem an ihr Atmungsorgan an. Hören Sie einmal irgendeinem heutigen Gelehrten zu, wenn er spricht. Erstens sprechen die wenigsten, sie lesen meistens ab. Da nehmen sie andere Dinge noch zu Hilfe, die Augen und so weiter, durch die sie sich unterstützen. Aber hören Sie heute einmal zu, wenn Gelehrte sprechen: Es kommt einem meistens so vor, als ob die Leute kurzatmig wären, immer an ihren eigenen physischen Körper anstoßen würden.

Dadurch wird einem alles zu einem Bild vom physischen Körper. Ob Sie hier im Gehirn eine kranke Stelle haben und dadurch Ihnen Ihre große Zehe zu einem Berg mit allerlei Berggeistern wird, oder ob Sie beim Denken mit dem Atem immerfort anstoßen, ihn nicht herauskriegen, das ist einerlei: Die ganze Welt kommt Ihnen als etwas Physisches vor, weil Sie fortwährend mit Ihrem Atem an den physischen Körper stoßen.

Woher rührt das eigentlich, dieser Materialismus? Der Materialismus rührt daher, dass die Leute nicht richtig denken können, weil sie nicht richtig atmen, sondern an den Körper anstoßen. Daher glauben sie, dass die Sache überall nur aus Stoß und Druck, Stoß und Druck besteht. Das haben sie in sich – Stoß und Druck –, weil sie sich nicht vorher durch ein richtiges Denken vorbereiten. Wenn heute einer

Materialist ist, so ist er es deshalb, weil er nicht aus sich herauskann, weil er überall innerlich an sich stößt.

Sehen wir uns noch einmal diesen Herrn Traugott an. Der sollte eigentlich sagen: Dieser Traum vom Fliegen, der kommt daher, dass wir aus uns herausgehen und der astralische Leib anfängt, größer zu werden. Aber auf das kommt er nicht, denn er denkt nach, furchtbar denkt er nach! Denken Sie sich einmal, meine Herren: Wenn einer anfängt nachzudenken, der eigentlich nicht denken kann, was tut er? Erst runzelt er die Stirn. Wenn das auch nicht zum Denken führt, schlägt er sich an die Stirn. Was will er denn da eigentlich? Er will die Muskeln anspannen, richtig anspannen. Und wenn sie nicht genug angespannt sind, so will er sie noch schlagen, dass sie sich erst recht anspannen.

Was tut also der Herr Traugott, wenn er über den Traum nachdenkt? Statt die Dinge anzuschauen, wie sie sind, spannt er seine eigenen Muskeln an. Und da findet er, was er selbst tut: Muskelspannung. Da sagt er: Aha, der Traum ist Muskelspannung. Er verwechselt sein eigenes Denken über den Traum mit der Wirklichkeit. Sie können von dem Herrn Traugott etwas lernen, wenn Sie diese Geschichte lesen – was dem passiert, wenn er über die Dinge nachdenkt.

Es ist heute so, wenn man das liest, was die Leute drucken lassen, dass man erfährt, was die sich selbst darüber einbilden. Wenn man heute eine Zeitung liest, so muss man sich sagen: Über das, was in der Welt vorkommt, darüber wirst du aus der Zeitung wenig erfahren. Aber was die Herren, die in der Redaktionsstube sitzen, gern hätten, dass es in der Welt vorkommt, das wirst du erfahren.

So ist es auch mit der materialistischen Wissenschaft. Sie erfahren durch sie nicht, was die Welt ist, sondern was die Leute über die Welt denken. Wenn Sie einmal dahinterkommen, dann werden Sie sehen, dass die Anthroposophie die Welt nicht hintergehen will, sondern Ehrlichkeit an die Stelle der Listigkeit und Illusion setzen will, an die Stelle dessen, was manchmal ganz bewusst unwahr ist.

Sie sehen also: Ehrlichkeit, innerliche Ehrlichkeit, das ist die vierte Eigenschaft, die vorhanden sein muss, um in die geistige Welt hineinzukommen. Wenn Sie die Welt so betrachten, werden Sie schon sehen: Ehrlichkeit ist nicht viel in der Welt vorhanden. Kein Wunder, dass sie auch in der Wissenschaft nicht vorhanden ist. Wir haben also vier Eigenschaften betrachtet:

- klar, *selbstständig* denken;
- *unabhängig* von der Außenwelt denken;
- ganz *anders* denken als man in der physischen Welt denkt; und jetzt
- *ehrlich* denken.

Andere Eigenschaften werden wir dann das nächste Mal betrachten.

Vierter Vortrag

# Von der Angst lernen

## *Der Schwanz der Eidechse und die rote Rübe*

*Dornach, 18. Juli 1923*

Guten Morgen, meine Herren!

Es bleiben noch manche von den Fragen zurück, die neulich gestellt worden sind. Ich möchte auch heute an das anknüpfen, was ich Ihnen zu einer Bemerkung eines Gelehrten über den Traum ausgeführt habe. Was einem gegenwärtigen Gelehrten noch viel Kopfzerbrechen gemacht zu haben scheint – wir werden dadurch auch auf unsere Besprechung kommen –, das ist der Schwanz der Eidechse.

Sie wissen, wenn man insbesondere eine größere Eidechse sieht und sie am Schwanz packt, dass der Schwanz abbricht. Man sagt: Die Eidechse ist «spröde». Man kann schwer Eidechsen bekommen, die größer sind, wenn man sie am Schwanz fasst. Denn der Schwanz ist «spröde», er bricht ab, und die Eidechse läuft ganz fröhlich weiter ohne Schwanz.

Die Versuche der Gelehrten, die gehen dahin, zu ergründen, ob der Tierschwanz tatsächlich «ausgerissen» wird oder ob er vom Tier «zurückgelassen» wird. Die gegenwärtige Wissenschaft geht vom Materialismus aus, und dadurch denkt man, dass das Tier sehr schwache Muskeln hat, die den Schwanz zusammenhalten, dass diese Muskeln den Schwanz nicht mehr zusammenhalten können, wenn es abgefangen wird.

Es besteht aber eine merkwürdige Tatsache – und die berücksichtigen die Leute dabei sehr wenig. Das ist die Tatsache, dass die Eidechsen, wenn sie gefangen sind und längere Zeit in Gefangenschaft gelebt haben, diese eigentümliche Art verlieren, den Schwanz leicht ausgerissen zu bekommen. Dann stärkt sich der Schwanz, und man kann ihn nicht so leicht ausreißen, er hält besser. Das ist eine eigentümliche Erscheinung, dass die Eidechsen, wenn sie draußen sind, den Schwanz leichter verlieren, und wenn sie in der Gefangenschaft sind, er besser hält. Woher kommt das?

Da denken die Leute lange nach, wie das durch die schwachen Muskeln am Schwanz bewirkt werden kann – obwohl die Tatsache, dass das Tier in der Gefangenschaft weniger leicht den Schwanz ausgerissen bekommt, doch sehr leicht darauf führt, woher das rührt. Das rührt daher, dass das Tier Angst hat, wenn man es draußen abfangen will. Das ist nichts Gewöhnliches, wenn es draußen abgefangen wird, das kommt ihm zum ersten Mal vor. Da kommt zum ersten Mal ein Mensch in seine Nähe, da hat es Angst. Und dadurch, dass es Angst hat, wird es so spröde, dass es den Schwanz verliert. Wenn es sich aber in der Gefangenschaft an die Menschen gewöhnt, wenn die Menschen alle

Augenblicke in seine Nähe kommen, da hat es keine Angst mehr und verliert den Schwanz nicht.

Wir sehen also, wie schon eine ganz oberflächliche Betrachtung darauf hinweist, dass bei der Eidechse die Angst eine wesentliche Rolle spielt. Wir müssen aber weitergehen und sagen: Ja, diese Angst, die die Eidechse hat, wenn der Mensch in ihre Nähe kommt und sie abfangen will, die ist etwas, was beim Tier nur herauskommt, wenn der Mensch es abfängt, aber es steckt immer im Tier drinnen. Und diese Angst ist es, die die Materie des Tieres, den Stoff des Tieres zusammenhält und stark macht.

Dafür werde ich Ihnen eine ganz merkwürdige Erscheinung im Menschenleben anführen. Sie werden schon gehört haben, dass Menschen, die sehr stark von ihrem Seelenleben abhängig sind, wenn sie Angst verspüren, Durchfall bekommen. Die Ängstlichkeit verursacht Durchfall. Was bedeutet das? Das bedeutet, dass dasjenige, was in den Gedärmen ist, nicht mehr zusammengehalten wird. Ja, was hat die Sache in den Gedärmen sonst zusammengehalten? Wenn die Angst in die Seele heraufzieht, dann hält die Seele die Dinge in den Gedärmen nicht mehr zusammen; wenn die Angst aber unten in den Gedärmen bleibt, hält die Seele den Stoff zusammen.

Und so ist es auch bei der Eidechse. Wenn man eine Eidechse ansieht (s. Zeichnung nächste Seite; Tafel S. 142), so ist diese Eidechse im Ganzen geradeso wie unser eigener Unterleib fortwährend mit Angst ausgefüllt, also mit etwas

Seelischem. Und insbesondere ist da der Schwanz von Angst ausgefüllt, und wenn das Tier seine Angst aus dem Schwanz herauspresst, so zerbricht der Schwanz. Aber die Angst bleibt doch im Tier stecken. Das Tier fühlt die Angst

s. Tafel S. 142

nicht mehr, wenn es in Gefangenschaft ist, weil es sich an die Menschen gewöhnt hat. Und die Folge davon ist, dass die Angst dann den Schwanz zusammenhalten kann.

Da sehen wir eine ganz bestimmte seelische Eigenschaft, die eine Bedeutung für die körperliche Beschaffenheit hat. Es wäre nicht falsch, wenn man sagen würde: Wir Menschen haben auch in uns die Angst: In unserer großen Zehe, in den Beinen, im Bauch, überall steckt die Angst. Nur über das Zwerchfell traut sie sich nicht herauf, sie kommt nur herauf, wenn wir Angstträume haben. Aber in uns steckt die Angst, auch die Angst hat ihren guten Zweck, die hält unseren Organismus zusammen.

Und in den Knochen, da steckt die allermeiste Angst. Die Knochen sind so fest, weil da eine furchtbare Angst drinsteckt. Die Angst ist es, die die Knochen fest erhält. In dem Augenblick, wo man zu stark seine Knochen spürt, kriegt man Knochenerweichung. Daher werden Sie dies bei ängstlichen Menschen bestätigt finden, bei solchen, die schon in der Jugend ängstlich waren, wo die Knochen noch nicht hart sind, wo sehr leicht die Knochen weich sind, weil die Leute ängstlich sind. Man kann daher rachitische Kinder auch auf seelische Weise heilen dadurch, dass man ihnen die Angst durch irgendetwas austreibt.

Aber es wäre ganz falsch, wenn man sagen würde: Es steckt in uns die Angst, etwas Seelisches; wir brauchen nur die Angst etwas höher heraufzuziehen, dann können wir höhere Erkenntnisse kriegen. Das wäre nicht gut, weil wir uns da zugleich seelisch und körperlich krank machen würden. Wir müssen etwas anderes tun.

Wir müssen, wenn wir Erkenntnisse der geistigen Welt gewinnen wollen – ich habe Ihnen schon die anderen Mittel gesagt –, wir müssen uns in die äußere Welt hineinleben, richtig hineinleben. Wie leben sich die Leute in die äußere Welt hinein? Sie haben das in den letzten Wochen wieder wunderbar sehen können. Nicht wahr, wir haben fürchterlich gefroren, und nachher haben wir fürchterlich geschwitzt. So leben sich die meisten Menschen in die Welt hinein: Sie haben fürchterlich gefroren, sie haben fürchterlich geschwitzt.

Aber das ist nicht das Einzige, wie man sich in die äußere Welt hineinleben kann, sondern es ist so, dass man in sich eine bestimmte Fähigkeit ausbilden kann: Wenn es kalt wird, nicht nur friert man nicht, sondern man deutet hin auf das Kalte, man kriegt eine Art von Angst und man weiß: Wenn es warm wird, da vergeht einem die Angst. Wenn man das in sich ausbildet, dass man eine gewisse Angst vor dem Schnee und ein gewisses Wohlgefühl an den warmen Sonnenstrahlen hat, dann ist das etwas, was zu der höheren Erkenntnis führt, was zu dem anderen dazugehört, was ich Ihnen geschildert habe.

Es ist so: Derjenige, der höhere Erkenntnisse gewinnen will, der muss, wenn er an ein glühendes Stück Eisen herangeht, etwas fühlen, und er muss, wenn er an einen Kieselstein herangeht, etwas anderes fühlen:

- Wenn er zu einem *glühenden Eisen* herankommt, muss er innerlich das Gefühl haben: Das ist etwas mit deiner eigenen Wärme Verwandtes, das tut dir *wohl.* Aber
- wenn er einen eiskalten *Kieselstein* in die Hand nimmt, dann muss ihm das unheimlich sein, es muss ihm *ängstlich* zumute sein.

Daraus sehen Sie aber zugleich, dass derjenige, der höhere Erkenntnisse erwerben will, nicht «nervös» sein darf, wie man heute sagt, sonst würde er, wenn er einen Kieselstein in die Hand nimmt, den gleich fallen lassen, weil er ihm Angst macht. Man muss mutig sein und die Angst ertragen. Und ebenso darf er es nicht wie die Mücke machen, die so große

Wollust am Licht hat, dass sie hineinsaust und ihren Tod findet. Gerade an dem Insekt, das in die Flamme hineinsaust, sehen Sie, wie die Flamme mit dem Geistig-Seelischen verwandt ist.

Und so können wir sagen: Wir müssen uns ein inneres Gefühl, eine innere Empfindung für das erwerben, was da draußen in der Natur vorhanden ist. Was kommt dadurch heraus?

Sehen Sie, die Erde hat das feste Gestein (s. Zeichnung; Tafel S. 142, rechts). An das feste Gestein der Erde glauben die Materialisten, denn sie können darauf gehen. Das ist

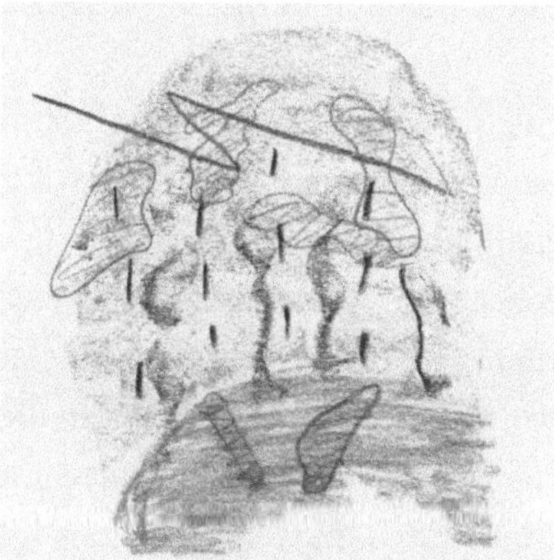

s. Tafel S. 142

hart, wenn man es angreift. An das feste Gestein glauben die Materialisten. Aber gerade auch beim festen Gestein bekommt derjenige, der höhere Erkenntnisse erwerben will, eine gewisse Ängstlichkeit – vor dem festen Gestein. Diese

Ängstlichkeit, die ist gar nicht vorhanden, wenn der Mensch in der erwärmten Luft ist. Ich will da die erwärmte Luft darüber zeichnen, über das feste Gestein. Wenn der Mensch die erwärmte Luft betrachtet, dann ist diese Ängstlichkeit gar nicht vorhanden. Denn die erwärmte Luft – ich will sie dadurch erwärmt zeigen, dass ich sie etwas rötlich mache –, die macht nicht ängstlich. Aber man kann es dahin bringen, dass einen die erwärmte Luft auch ängstlich macht. Das ist gerade dann der Fall, wenn man versucht, mit dem, was man da gegenüber der erwärmten Luft fühlt – was man fühlt, wenn man erwärmte Luft hat –, wenn man versucht, mit dem immer mehr dadurch fertig zu werden, dass es einem gefällt.

Denken Sie: Einer fühlt sich in der erwärmten Luft immer wohler und wohler. Jetzt fängt die erwärmte Luft aber auch an, ängstlich zu machen. Je wohler man sich fühlt, desto ängstlicher macht die warme Luft. Wenn man sich also jetzt gewöhnt, bei der erwärmten Luft sich recht wohl zu fühlen, wenn man sich immer mehr an die Wärme gewöhnt – solche Dinge sind notwendig, man muss sich in die ganze Natur hineinfinden, wenn man geistige Erkenntnis gewinnen will –, dann fängt die Sache an, ganz merkwürdig zu werden. Ich will es Ihnen noch deutlicher machen.

Die meisten Menschen suchen sich wieder abzukühlen, wenn ihnen zu warm wird. Da kennen sie natürlich nichts anderes, als dass ihnen gern kühler wird. Aber wenn man die Wärme aushält, wenn man in der Wärme drinnen bleibt, wenn man die Wärme gerade als Wohlgefühl empfindet, dann fängt das, was ich Ihnen hier in der Luft gezeichnet habe, ganz merkwürdig an, sich mit allerlei Bildern zu füllen. Und es beginnt richtig die geistige Welt aufzutreten – die geistige Welt, die sonst in der Luft enthalten ist, alle die geistigen Wesenheiten, die in der Luft enthalten sind, die aber der Mensch nicht wahrnimmt, weil er die Wärme der Luft nicht aushalten will.

Wenn man sich angewöhnt hat, diese Wesenheiten zu sehen, dann kommt man auch darauf, in Bezug auf das feste Gestein etwas Merkwürdiges wahrzunehmen. Da kommt man darauf, dass man sich sagt: Ja, wenn ich mit meiner tapsigen Hand einen Stein ergreife, ist er hart. Aber wenn ich immer mehr anfange, Geistiges wahrzunehmen, wenn ich immer mehr ins Geistige hineinkomme, wenn immer mehr nicht nur das Sinnliche, sondern auch das Geistige um mich ist, dann kann ich nicht mit meinem physischen Körper aus Fleisch und Blut in den Erdboden hineinschlüpfen, aber mit meinem astralischen Leib kann ich anfangen, in den Erdboden hineinzuschlüpfen.

Das ist sehr interessant: In dem Moment, wo man anfängt, im Luftraum durch all die Mittel, von denen ich Ihnen gesprochen habe, Geistiges wahrzunehmen, in dem Moment schlüpft man selbst so weit aus seinem Leib heraus, dass man die Steine gar nicht mehr als Hindernis empfindet, sondern in den festen Erdboden untertaucht wie der Schwimmer ins Wasser. Da geht man selbst hinein. Das ist sehr interessant:

- In die *Luft* kann man nicht hineingehen als Geist, weil einem da andere Geister erscheinen;
- in den *Erdboden,* da kann man hineinkriechen. Der ist eigentlich für den Geist leer, da kann man wie ein Schwimmer untertauchen.
- Der Mittelzustand ist der mit dem *Wasser.*

Das Wasser verdunstet nach oben und kommt als Regen wieder herunter. Da oben – das haben Sie schon oftmals gesehen –, da bilden sich Blitze. Das Wasser ist zwischen dem festen Erdboden und der Luft. Es ist dünner als der feste Erdboden, es ist dichter als die Luft. Ja, was heißt denn das?

Das heißt etwas, was man am besten sieht, wenn man zum *Blitz* hinaufschaut.

Beim Blitz, da sagen die Gelehrten, es sei ein elektrischer Funke. Warum ist das nach den Gelehrten ein elektrischer Funke? Sie wissen vielleicht schon – sonst sage ich es Ihnen jetzt –, wenn man eine Siegellackstange nimmt, mit einem Lederlappen, einem Stück Leder reibt, dann wird sie elektrisch. Und wenn man dann kleine Papierschnitzel hat, dann werden sie von der Siegellackstange angezogen. Und so kann man die verschiedensten Körper durch Reiben oder auf andere Weise elektrisch machen. Das wird den Kindern schon in der Schule gezeigt.

Aber da ist etwas ganz Bestimmtes notwendig. Wenn man in einem dunstigen Schulzimmer ist, da wird keine Siegellackstange elektrisch, bei Experimenten werden die anderen Dinge auch nicht elektrisch. Man muss zuerst mit einem trockenen Tuch alles sauber abwischen, dann kann man Elektrizität erzeugen, weil das Wässrige keine Elektrizität erzeugt.

Jetzt sagen die Gelehrten: Da oben sind die Wolken, die reiben sich aneinander und machen den elektrischen Funken, den Blitz. Ja, aber jedes Kind könnte einwenden: Aber du musst doch gerade das Wässrige abhalten, denn wenn du nur etwas Wässriges an deinem Apparat hast, dann entsteht keine Elektrizität. Das kann jedes Kind einwenden. Solcher Unsinn wird also geredet. Es kann überhaupt gar keine Rede davon sein, dass da oben sich die Wolken reiben.

Aber denken Sie, wenn das Wasser verdunstet und hinaufgeht, dann kommt es immer mehr in die Region der Geistigkeit. Es entfernt sich von dem geistleeren Stoff da unten und dringt in die Geistigkeit oben ein. Und es ist wirklich der Geist, der den elektrischen Funken erzeugt! Wir kommen, indem wir immer weiter hinaufgehen, in die Region des Geistes hinein. Die Erde hat nur in ihrer Nähe das Materielle, weiter oben ist sie vom Geistigen umgeben. Wir kommen also da wirklich in das Geistige hinein. Und es ist so: In dem Moment, wo der Wasserdunst hinaufgeht und in die

Region des Geistes kommt, da kann aus dem Geist heraus der Blitz entstehen. Das Wasser vergeistigt sich oben und kommt verdichtet wieder herunter.

Man muss also, wenn man Naturbetrachtung übt, auch zum Geist kommen. Und nur wenn man auf das Geistige überhaupt nicht Rücksicht nehmen will, kommt man zu solchen absurden Sachen, wie die sind, die ich Ihnen

- vom *Flugtraum,*
- vom *Eidechsenschwanz* und
- vom *Blitz* gesagt habe.

Man sieht eben überall, dass man die Natur nicht erklären kann, wenn man nicht in das Geistige eindringt.

Jetzt können Sie sich auch das klarmachen: Wenn der Mensch auf der Erde steht, so ist es von unten herauf immer so, dass er mit dem Geistigen unten verwandt ist. Da kann er wie ein Schwimmer untertauchen. Wenn wir in der Nacht mit unserem Astralleib herausgehen, gehen wir überall in die feste Umgebung hinein. Wir verbinden uns mit dem, was fest ist, denn in das Luftförmige können wir nicht hinein. Wir verbinden uns mit dem, was fest ist, wir wandern tatsächlich im Festen herum.

Dieses Herumwandern im Festen, das hat aber eine große Bedeutung. Wenn wir, wie ich Ihnen vorhin gesagt habe, uns zur Wärme in der rechten Weise verhalten, dann kommen wir dazu, die geistigen Wesenheiten der Luft zu sehen.

Wenn wir aber in der Nacht aus unserem Leib herausgehen und uns als Geist mit dem Irdischen verbinden, dann kann es so sein, dass wir, wenn wir aufwachen, noch immer etwas von dem haben, was wir in dem festen Stoff der Erde erlebt haben. Da haben wir noch etwas in uns drinnen, in unserem Seelischen haben wir noch etwas drinnen.

Das ist etwas, was außerordentlich interessant ist. Denn Sie werden schon bemerkt haben: Wenn man aufwacht, so hört man sehr leicht Töne. Wenn Sie beim Aufwachen recht achtgeben, dann werden Sie das Merkwürdige erleben, dass Sie sich sagen: Jetzt hat da jemand an meine Türe geklopft! Das ist ganz merkwürdig:

- Wenn man sich mit seiner Seele in die *Luft* hineinlebt, dann schaut man etwas, dann entstehen *Bilder;*
- wenn man sich aber mit seiner Seele in das *Feste,* in das Stoffliche hineinlebt, wie der Schwimmer ins Wasser untertaucht, dann hört man *Töne.*

Und gerade das ist das außerordentlich Wichtige, dass alle festen Stoffe fortwährend Töne von sich geben, die man nur nicht hört, weil man nicht drinsteckt. Jeder feste Stoff hat fortwährend Töne in sich, und die hört man beim Aufwachen, weil man da noch halb drinsteckt. Aber diese Töne können etwas bedeuten.

Und es ist richtig, dass, wenn jemand zum Beispiel irgendwo in der Ferne gestorben ist und der Mensch beim

Aufwachen etwas wie Türklopfen hört, so steht das im Zusammenhang mit dem Gestorbenen. Nur ist der Mensch nicht fähig, diese Dinge in der richtigen Weise zu deuten. Denn denken Sie nur einmal: Sie würden nicht lesen können, also die Buchstaben auf dem Papier nicht deuten können, wenn Sie es nicht gelernt hätten. Ebenso wenig können Sie dieses Wunderbare deuten, was da wirkt, wenn man im Aufwachen Töne hört.

Sie brauchen nicht zu glauben, dass der Verstorbene just an der Tür ist und mit den Fingern klopft. Aber der Verstorbene, der in den ersten Tagen nach dem Tod noch auf der Erde anwesend ist, der lebt in den festen Körpern drinnen. Das ist etwas, was Ihnen gar nicht verwunderlich zu scheinen braucht, dass da gerade durch die Verbindung mit dem Festen Töne entstehen, wie immer in den Zeiten erzählt worden ist, wo man noch mehr auf solche Sachen achtgegeben hat.

Dass die Menschen eine Ahnung haben, wenn jemand in der Ferne stirbt, das hat seine gute Bedeutung. Ein Mensch ist gestorben: Er ist mit seiner Seele zunächst noch ans feste Erdreich gebunden. Da entstehen die Töne, die von ihm ausgehen. Der Mensch verlässt tönend das irdische Dasein. Das können Sie geradeso gut in der Weite hören, wie Sie in der Weite lesen können, was einer in Amerika aufgibt. Ein Telegramm von hier kann man in Amerika lesen. Solche Fernwirkungen durch den Erdstoff sind auf der Erde da, sie sind immer da.

Und in den Zeiten, in denen man auf solche Sachen achtgegeben hat, hat man den Zusammenhang mit dem Irdischen gewusst. Das ist nicht bloß ein Märchen, das ist etwas, was in früheren Zeiten wahrgenommen worden ist. Also Sie sehen, man kommt da in ganz bestimmte Dinge hinein, die heute als Aberglaube gelten, die man aber ebenso wissenschaftlich wie andere wissenschaftliche Dinge nachweisen kann. Nur muss man die Dinge auch ganz genau kennen.

Man würde dazu kommen, in der Luft die geistige Welt wahrzunehmen, wenn die Menschen nicht so wehleidig wären, wie sie heute sind. Je zivilisierter die Menschen werden, desto wehleidiger werden sie. Und diejenigen, die durch ihre Arbeit in einer furchtbaren Hitze leben müssen, die haben während ihres Arbeitens nicht die Zeit, die geistige Welt wahrzunehmen. Und so entgeht dem heutigen Menschen die geistige Welt, die in der Luft lebt.

Aber dieses, dass man in der Luft geistige Wesen sehen kann, das ist etwas ziemlich Ungefährliches. Das kann jeder Mensch ohne Weiteres wahrnehmen, ohne dass es für ihn gefährlich wird. Das Hören aber, wenn es den Menschen zu stark ergreift, wenn er zu stark in einen Zustand kommt, wo er allerlei hört, das wird für den Menschen gefährlich.

Die Sache ist die: Es gibt Menschen, die kommen allmählich in einen Zustand, wo sie alle möglichen Worte hören. Es wird ihnen allerlei gesagt. Solche Menschen sind auf dem Weg zum Wahnsinn.

Man wird niemals, indem man so die geistigen Wesen sieht, dass man sie in der Luft sieht, von einer Gefahr bedroht. Warum? Aus dem einfachen Grund – ja, ich muss Ihnen das durch einen Vergleich sagen: Wenn Sie in einem Boot fahren und ins Wasser fallen, können Sie ertrinken. Wenn Sie jemand nach oben zieht, können Sie allerlei erleben, aber ertrinken können Sie nicht. Ebenso ist es, wenn die menschliche Seele nach oben herausgeht und allerlei sieht. Da kann ihr nichts passieren. Wenn sie aber nach unten in die feste Materie hineingeht, da kann sie geistig ertrinken. Dieses «geistig Ertrinken» tritt ein, wenn die Menschen ihr Bewusstsein so verlieren, dass ihnen innerlich allerlei Dinge gesagt werden. Und das ist das Schlimme.

Wenn der Mensch äußerlich das Geistige sieht, dann ist es geradeso, wie wenn er in der Welt herumgeht und sich vor einem Stuhl, den er sieht, nicht fürchtet. So fürchtet er sich auch nicht vor dem äußerlichen Geistigen, sondern er hat es sogar gern. Aber das, was innerlich gehört wird – wir sinken da in die feste Erde hinein mit unserem ganzen Geistigen und mit unserem ganzen Seelischen –, was innerlich gehört wird, das nimmt einen ganz anders mit. Da ersäuft man darin, da hört man auf, Mensch zu sein.

Daher muss man immer mit einer gewissen Wachsamkeit auf diejenigen Menschen hinsehen, die zu einem sagen: Ihnen wird innerlich allerlei gesagt. Das ist immer etwas Gefährliches. Nur derjenige, der schon ganz fest in der geistigen Welt drinsteht und sich auskennt, nur der weiß, was da spricht: Es sind niemals besonders hohe geistige Wesen, die da zu einem sprechen, sondern es sind immer Wesen, die sehr niedriger Art sind.

Sehen Sie, ich habe Ihnen diese Dinge jetzt ganz unbefangen gesagt aus dem Grund, damit Sie sehen: Man muss wirklich als Mensch zu einer ganz anderen Auffassung der Welt kommen, wenn man in die geistige Welt hineinkommen will.

Es gibt Menschen, die sagen: Ja, warum haben uns die Geister das so unbequem gemacht, sie kennenzulernen? Ja, aber denken Sie einmal, meine Herren, was der Mensch für ein Wesen wäre, wenn er sich gar nicht anstrengen müsste, um in die geistige Welt hineinzukommen, wenn er immer drinnen wäre. Er wäre der reine geistige Automat! Erst dadurch kommt er zu ihr in ein rechtes Verhältnis, dass er sich anstrengen muss.

Und es kostet die allergrößte innere Anstrengung, um in der geistigen Welt zu forschen. Es ist leicht, sich am Labortisch breitzumachen und allerlei Versuche zu machen. Es ist leicht, Leichen zu zerschneiden und da allerlei kennenzulernen. Aber es erfordert eine starke innere Arbeit, um wirklich in die geistige Welt hineinzukommen. Zu dieser Arbeit ist die heutige gebildete Welt zu faul.

Und wegen dieser Faulheit ist es auch immer, dass die Leute sagen: Ich habe nach *Wie erlangt man Erkenntnisse der höheren Welten?* Übungen gemacht, aber ich habe nichts gesehen! Die Leute glauben, dass einem das äußerlich gegeben werden soll, dass sie nicht innerlich die Sache erarbeiten müssen. Das ist es, dass die Leute heute sich alles vormachen lassen wollen. Ich habe Ihnen schon gesagt: Der Mensch will heute alles verfilmen, er will überall einen Film daraus machen, damit es äußerlich an ihn herantritt.

Wenn man richtig geistig vorwärtskommen will, muss man überall darauf sehen, dass, indem man etwas von der Welt aufnimmt, man es durcharbeiten muss. Daher werden diejenigen mehr zum Geistigen kommen, die in der Zukunft möglichst vermeiden, sich alles verfilmen zu lassen, sondern die recht viel mitdenken wollen, wenn ihnen von der geistigen Welt gesprochen wird – recht viel mitdenken wollen.

Ich habe Ihnen keinen Film vorgeführt. Natürlich ist nicht die Zeit da, aber wenn auch die Zeit da wäre, würde ich nicht versuchen, mit einem Film die Sache vorzuführen, sondern ich habe Ihnen Zeichnungen gemacht, die in dem Moment entstehen, wo Sie sehen können, was ich mit jedem Strich will, wo Sie mitdenken können.

Das ist auch das, was schon in unseren Kinderunterricht heute einziehen muss: möglichst wenig fertige Zeichnungen, möglichst viel von dem, was im Augenblick entsteht. Dadurch arbeitet das Kind innerlich mit, dadurch werden die Menschen tätig, zur innerlichen Tätigkeit angeregt, die dann dazu führt, dass sie sich mehr ins Geistige hineinleben und wiederum Verständnis für das Geistige bekommen.

Man soll den Kindern keine fertigen Theorien vorbringen, sonst werden sie dogmatisch. Das, worauf es ankommt, ist, sie zur Selbsttätigkeit zu bringen. Dadurch wird auch ihr ganzer Körper freier.

Nun möchte ich, weil das auch in einer der Fragen von Ihnen enthalten ist, noch etwas anderes ausführen.

Sie werden vielleicht gehört haben, dass die Kartoffel erst zu einer bestimmten Zeit in Europa eingeführt worden ist. Kartoffelesser waren die Menschen in Europa nicht immer. Es ist da einmal eine eigentümliche Geschichte passiert. Es gibt ein Lexikon, an dem ich selbst mitgearbeitet habe, aber nicht an dem Artikel, von dem ich jetzt rede. Da steht etwas sehr Komisches drinnen: Es wird überall gesagt, dass ein gewisser Drake die Kartoffel in Europa eingeführt hat, sich besonders dieses große Verdienst erworben hat.[2]

In Offenburg, das jetzt die Franzosen besetzt haben, steht ein Drake-Denkmal. Mir war es einmal furchtbar komisch, als wir im Konversationslexikon nachschauten, wo wirklich

---

2 *Pierers Konversations-Lexikon,* siebente Auflage, herausgegeben von Joseph Kürschner, Vierter Band (Berlin & Stuttgart 1889), Spalte 859:

> «Er stand lange irrtümlich im Rufe, die Kartoffeln in Europa eingeführt zu haben, weshalb ihm 1853 in Offenburg ein Denkmal gesetzt wurde.»

drinsteht: Drake wurde in Offenburg ein Denkmal errichtet, weil er irrtümlich im Ruf gestanden hat, die Kartoffel nach Europa gebracht zu haben. Also, wenn von irgendeinem Menschen «irrtümlich» etwas gesagt wird, so wird ihm in Europa ein Denkmal errichtet! Ich will jetzt aber nicht von dem reden, sondern ich will davon reden, dass zu einer bestimmten Zeit die Kartoffel nach Europa gebracht worden ist.

Schauen wir uns einmal die Kartoffel an (s. Zeichnung; Tafel S. 142, oben). Von der Kartoffel essen wir nicht die

s. Tafel S. 142

Wurzeln, die Wurzeln sind diese kleinen Dinger. Wenn das die Kartoffel ist, so sind diese kleinen Würzelchen dran, die werden mit der Schale gerade weggenommen. Die Kartoffel selbst ist ein etwas dickerer Stängel. Wenn eine gewöhnliche Pflanze wächst, so hat sie die Wurzel, und daraus wächst der Stängel (s. Zeichnung nächste Seite, oben; Tafel S. 142, oben links). Wenn aber der Stängel sich verdickt,

s. Tafel S. 142

wie es bei der Kartoffel ist, so entsteht eine sogenannte Knolle, eine Wurzelknolle. Aber das ist eigentlich ein verdickter Stängel.

Sodass man es bei der Kartoffel nicht mit einer Wurzel zu tun hat, sondern mit einem verdickten Stängel. Also, merken Sie sich das gut: Wenn man eine Kartoffel isst, so isst man einen verdickten Stängel. Man nimmt seine Nahrung vorzugsweise aus einem verdickten Stängel.

Da müssen wir fragen: Was hat das für den Menschen für eine Bedeutung, dass er mit der Kartoffel, die nach Europa gebracht worden ist, einen verdickten Stängel zu essen lernt?

Wenn Sie die ganze Pflanze anschauen, so besteht sie aus der Wurzel, aus dem Stängel, aus den Blättern und der Blüte. Es ist sehr merkwürdig bei der Pflanze: Die Wurzel da unten, die wird dem Erdboden sehr ähnlich, sie enthält viel Salze. Und die Blüte da oben, die wird sehr ähnlich der warmen Luft. Da ist es so, wie wenn an der Blüte durch die Sonnenwärme fortwährend gekocht wird. Die Blüte enthält daher Öle und Fette, namentlich Öle (s. Zeichnung; Tafel S. 143).

s. Tafel S. 143

Sodass wir also, wenn wir eine Pflanze anschauen, unten die Salze haben, die sich absetzen.

- Die *Wurzel* ist *salzreich,*
- die *Blüte* ist *ölreich.*

Die Folge davon ist, dass, wenn wir die Wurzel essen, wir viele Salze in unsere Gedärme hineinbekommen. Diese Salze, die finden den Weg bis zum Gehirn hin und regen unser Gehirn an. Also die Salze, die regen unser Gehirn an. Es ist zum Beispiel, wenn jemand nicht an migräneartigem Kopfschmerz, sondern an den Kopfschmerzen leidet, die den Kopf ausfüllen, es ist ganz gut, wenn er Wurzeln isst. Sie können sehen, dass eine gewisse salzige Schärfe in vielen Wurzeln enthalten ist. Sie können das durch den Geschmack feststellen.

Wenn Sie aber Blüten essen, da ist die Pflanze schon halb gekocht, da sind die Öle schon draußen. Das ist etwas, was vorzugsweise den Magen und die Gedärme einfettet. Das übt seine Kraft auf den Unterleib aus.

Das muss auch der Arzt berücksichtigen, wenn er Tee verschreibt. Niemals wird jemand, wenn er Tee aus der Blüte kocht, auf den Kopf eine starke Wirkung ausüben können. Dagegen, wenn er die Wurzeln abkocht und das den Kranken trinken lässt, wird es eine starke Wirkung auf den Kopf ausüben. Also Sie sehen, während wir beim Menschen vom Bauch zum Kopf gehen müssen, von unten herauf, müssen wir bei der Pflanze den umgekehrten Weg machen: von der

Blüte zu den Wurzeln. Die Wurzel der Pflanze ist mit dem Kopf verwandt.

Wenn wir das bedenken, wird uns ein Licht über die Bedeutung der Kartoffel aufgehen, denn die Kartoffel, die hat die Knolle. Das ist etwas, was nicht ganz Wurzel geworden ist. Man isst also, wenn man viel Kartoffeln isst, Pflanzen, die nicht ganz Wurzel geworden sind. Wenn man sich also auf das Kartoffelessen beschränkt, zu viel Kartoffeln isst, kriegt man nicht genug in den Kopf hinein. Es bleibt unten im Verdauungstrakt.

Sodass es so ist, dass mit dem Kartoffelessen die Menschen in Europa ihren Kopf, ihr Gehirn vernachlässigt haben. Diesen Zusammenhang sieht man erst, wenn man Geisteswissenschaft treibt. Da sagt man sich: Seit in Europa die Kartoffelnahrung immer mehr überhandgenommen hat, seit jener Zeit ist der Kopf der Menschen unfähiger geworden. Es werden durch die Kartoffel vorzugsweise Zunge und Schlund angeregt.

Wenn wir bei der Kartoffelpflanze hinuntergehen, so gehen wir nicht ganz bis zu der Wurzel. Ebenso ist es beim Menschen: Wenn wir nicht ganz bis zum Kopf heraufgehen, bleiben wir bei Zunge und Schlund. Die werden durch die Kartoffel besonders angeregt. Daher ist die Kartoffel als Mitspeise, als Zuspeise für die Leute sehr schmackhaft, weil sie dasjenige anregt, was unter dem Kopf ist, und den Kopf unbelästigt lässt.

Wenn man rote Rüben isst, dann bekommt man eine furchtbare Sehnsucht, viel zu denken. Das macht der Mensch ganz unbewusst. Wenn man Kartoffeln isst, so bekommt man die Sehnsucht, recht bald wieder zu essen.

- Die *Kartoffel* macht schnell hungrig, weil sie nicht ganz bis zum Kopf geht;
- die *rote Rübe* macht schnell satt, weil sie bis zum Kopf geht – und der Kopf ist das Wichtigste –, und ihn ganz mit Tätigkeit durchsetzt, weil sie richtig in den Kopf hineingeht.

Das ist den Menschen furchtbar unangenehm, dass sie denken sollen, und daher lieben sie mehr die Kartoffel als die rote Rübe, weil die Kartoffel nicht zum Denken anregt, da wird man faul. Sie regt nicht zum Denken an, man wird faul im Denken. Dagegen regt die rote Rübe sehr stark das Denken an, weil sie eine richtige Wurzel ist. Sie regt sehr stark das Denken an, sie regt es so stark an, dass man dann denken will. Und wenn man nicht denken will, dann liebt man rote Rüben nicht.

Wenn man eine Anregung zum Denken braucht, so braucht man insbesondere die salzige Anregung zum Beispiel von Rettichen. Wenn jemand nicht sehr regsam im Kopf ist, so tut ihm das gut, weil die Gedanken ein bisschen in Bewegung gebracht werden, wenn er Rettich zu den Speisen hinzunimmt.

So sehen Sie, dass diese merkwürdige Sache auftritt: Rettiche regen das Denken an, und man braucht gar nicht selbst im Denken sehr tätig zu sein, da kommen die Gedanken, wenn man Rettich isst – so starke Gedanken, dass sie sogar noch ganz mächtige Träume machen. Wer viel Kartoffeln isst, dem kommen keine starken Gedanken, dagegen kommen ihm Träume, die ihn schwer machen. Wer fortwährend Kartoffeln essen muss, der wird fortwährend müde sein, fortwährend schlafen und träumen wollen.

Daher hat es eine große kulturhistorische Bedeutung, eine große kulturgeschichtliche Bedeutung, was für Nahrungsmittel an die Menschen herankommen. Da könnten Sie sagen: Ja, aber die Sache wäre dann so, dass wir ganz und gar von dem Stoff leben, und das ist doch nicht wahr!

Ich habe Ihnen schon oft gesagt: Wir Menschen haben ungefähr alle sieben Jahre einen neuen Körper, der erneuert sich fortwährend. Was wir vor acht oder zehn Jahren an Stoff in unserem Körper gehabt haben, das haben wir jetzt nicht mehr drinnen. Es ist heraus. Das haben wir uns mit den Nägeln weggeschnitten, mit den Haaren abgeschnitten, es ist durch den Schweiß herausgegangen. Das geht alles heraus. Manches geht recht schnell heraus, manches langsam, aber es geht heraus.

Wie stellt man sich die Geschichte mit dem Menschen vor? Man stellt es sich ungefähr so vor – ich will das jetzt schematisch zeichnen (s. Zeichnung; Tafel S. 143): Da wäre der Mensch. Der Mensch sondert fortwährend Stoff ab und nimmt immerfort neue Stoffe auf. Sodass man sich also denkt: Durch den Mund kommt der Stoff herein, durch

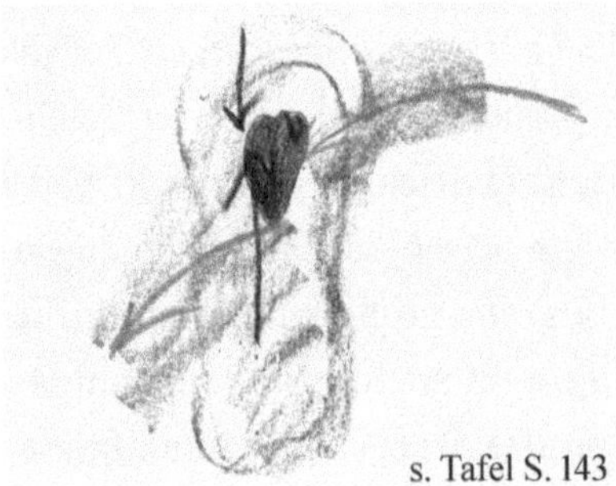

s. Tafel S. 143

den After und Urin geht der Stoff wieder hinaus. Und der Mensch ist so ein Schlauch: Er nimmt den Stoff durch Essen auf, er behält ihn eine Zeit lang, wirft ihn wieder heraus. So ungefähr denkt man, dass der Mensch aufgebaut sei.

Aber in den Menschen geht gar nichts von dem Erdstoff herein, gar nichts. Das ist bloß eine Täuschung. Die Sache ist so: Wenn wir zum Beispiel Kartoffeln essen, dann handelt es sich gar nicht darum, etwas von der Kartoffel aufzunehmen, sondern die Kartoffel ist bloß etwas, was uns anregt, anregt im Kiefer, Schlund und so weiter. Da wirkt überall die Kartoffel. Und in uns entsteht die Kraft, diese Kartoffel wieder herauszutreiben. Und während wir sie heraustreiben, kommt zu uns aus dem Äther – nicht aus dem festen Stoff – das, was uns im Laufe von sieben Jahren aufbaut. Wir bauen uns gar nicht aus dem Stoff der Erde auf. Was wir essen, essen wir bloß, damit wir eine Anregung haben. In Wirklichkeit bauen wir uns aus dem auf, was oben ist.

Sodass das Ganze, was sich die Menschen vorstellen, dass da die Nahrung hereinkommt, dass die Nahrung wieder herausgeht und in der Zwischenzeit etwas drinnen bleibt, gar nicht stimmt. Das bildet nur eine Anregung, da kommt eine Gegenkraft aus dem Äther heran, und wir bauen unseren ganzen Körper aus dem Äther heraus auf. Alles, was wir haben, ist nicht aus dem Stoff der Erde aufgebaut.

Wenn wir hinstoßen, und es stößt wieder zurück, dürfen wir diesen Rückstoß nicht mit dem Hinstoßen verwechseln. Wir dürfen nicht die Tatsache, dass wir Nahrung brauchen, damit wir im Wiederherstellen unseres Körpers nicht faul werden, damit verwechseln, dass wir diese Nahrung in uns hereinnehmen.

Es ist aber so, dass Unregelmäßigkeiten eintreten können. Wenn wir zu viel Nahrung aufnehmen, dann bleibt die Nahrung zu lange in uns drinnen. Dann sammeln wir unberechtigten Stoff in uns auf, wir werden korpulent, dick und so weiter. Wenn wir zu wenig Stoff aufnehmen, haben wir zu wenig Anregung, nehmen zu wenig das, was wir aus der geistigen Welt heraus, aus der ätherischen Welt heraus brauchen.

Aber das ist etwas Wichtiges, dass wir uns gar nicht aus der Erde und ihren Stoffen aufbauen, sondern dass wir uns aus dem aufbauen, was außerhalb der Erde ist.

Wenn das so ist, dass in sieben Jahren der ganze Körper erneuert wird, wird auch das Herz erneuert (s. Zeichnung S. 122, Herz). Das Herz also, das Sie vor acht Jahren in sich getragen haben, das haben Sie jetzt nicht mehr in sich, sondern das ist erneuert worden – erneuert worden nicht aus dem Stoff der Erde, sondern aus dem, was im Licht die Erde umgibt. Zusammengedrücktes Licht ist Ihr Herz! Sie haben Ihr Herz tatsächlich aus dem Sonnenlicht zusammengedrückt. Und das, was Sie an Nahrung aufgenommen haben, das hat nur dazu angeregt, dass Sie das Sonnenlicht so weit zusammendrücken.

Alle unsere Organe bauen wir aus dem auf, was durchlichtete Umgebung ist. Und dass wir essen, dass wir Nahrung aufnehmen, das bedeutet nur die Anregung. Das Einzige, was uns die Nahrung gibt, das ist, dass wir in uns so etwas wie eine Art inneren Sessel haben. Wir spüren uns, kommen im gewöhnlichen Leben dadurch zum Ich-Gefühl, dass wir physische Materie, physischen Stoff in uns haben. Wir spüren uns geradeso, wie wenn wir uns auf einen Sessel setzen. Da spüren wir den Sessel, der auf uns drückt. Und so spüren wir unseren Körper, der auf das, was wir aus dem Weltall gemacht haben, fortwährend drückt. Wenn wir schlafen, spüren wir ihn nicht, weil wir da aus uns heraus sind. Wir spüren unseren Körper, das ist eine Art Ruhebett, das uns gemacht ist – bei dem einen härter, wenn er knochig ist, bei dem anderen weicher. Das ist eine Art von Ruhebett, in das sich der Mensch legt.

Man spürt auch den Unterschied zwischen einem weichen Federbett und einer Holzbank. Und so spürt der Mensch den Unterschied von dem, was in ihm hart und was in ihm weich ist. Aber das ist nicht der eigentliche Mensch, sondern der eigentliche Mensch ist das, was da in ihm drinsitzt.

Nun werde ich Ihnen das nächste Mal klarmachen, wie das mit der höheren Erkenntnis zusammenhängt.

Die Menschen, die heute erkennen wollen, beschäftigen sich gar nicht mit der menschlichen Tätigkeit, sondern sie beschäftigen sich nur mit dem, was ihnen der Sessel darbietet.

## Vorwort
zur 1. Auflage

Die Vorträge, die Rudolf Steiner am Ende seines Lebens hält, stellen auch für ihn etwas Besonderes dar. Der Mensch, der jahrelang eine umfassende Geisteswissenschaft nach allen Seiten hin ausgebaut hat, spricht jetzt zu ganz einfachen Menschen, zu Arbeitern, bei denen er keine besondere Bildung, sondern schlichte Menschlichkeit voraussetzt.

In jedem von diesen Vorträgen merkt man, dass Rudolf Steiner sich bei diesen Arbeitern ganz zu Hause fühlt: Zu wiederholten Malen hatte er zur Sprache gebracht, dass seine Geisteswissenschaft für alle Menschen ohne Unterschied da ist, dass der gesunde Menschenverstand, den alle Menschen gemeinsam haben, sie überzeugend finden kann. Man merkt überall seine Freude, bei diesen Arbeitern den Menschenverstand in unverdorbener Form voraussetzen zu dürfen.

Über die Jahre hatte er wiederholt den Gedanken geäußert, dass in der modernen Kultur zwei Strömungen vorhanden sind: eine in den Niedergang führende und eine aufsteigende, am Anfang sich befindende. Er meinte damit das Bürgertum auf der einen und die Arbeiterschaft auf der anderen Seite. Er hatte in der etablierten Gesellschaft wenig Fähigkeit oder Bereitschaft gefunden, zur Überwindung des Materialismus eine Wissenschaft des Geistigen in Angriff zu nehmen. Zugleich sah er die arbeitenden Menschen nach einer Geisteswissenschaft geradezu hungern, wenn auch nicht immer bewusst. Auch damals konnte der Arbeiter eine Kultur, die sich als Luxus abseits des Lebens abspielt, nur als etwas erleben, was nicht zu ihm gehört. Kurz vor seinem Tod bekam Rudolf Steiner zum ersten Mal über längere Zeit die Möglichkeit, gerade zu dieser «unteren Schicht» aus dem Reichtum seiner Geisteswissenschaft heraus zu sprechen.

Die *Rudolf Steiner Ausgaben* sehen in der Herausgabe dieser Vorträge eine besondere Aufgabe. Von allem Anfang an ist es ihr Bestreben gewesen, die Geisteswissenschaft Rudolf Steiners allen Menschen zugänglich zu machen, unabhängig von Bildung, sozialer Schicht oder kultureller Herkunft. Diese Geisteswissenschaft ist einerseits menschheitlich, universell, sie spricht alle Menschen gleich an; andererseits wendet sie sich an das Individuum, an das Denkvermögen und an den freien Willen jedes einzelnen Menschen. Die Arbeitervorträge Rudolf Steiners stellen in vielleicht reinster Form dasjenige dar, was die *Rudolf Steiner Ausgaben* allen Menschen zur Verfügung stellen möchten, weil es alle Menschen als Menschen gleichstellt und jeden in seiner Würde als Mensch als höchsten Wert achtet.

Diese Vorträge wurden nach dem Frühstück, nach den ersten Arbeitsstunden gehalten, zu einer Zeit, wo die Arbeiter nicht zu müde waren und am aufnahmefähigsten. Sie gehörten zu ihren Arbeitsstunden. Nicht Rudolf Steiner wählte die Themen, die zur Sprache kamen, sondern die Arbeiter selbst. Er ließ sie jedes Mal die Fragen stellen, die ihnen am Herzen lagen. Es gab für ihn keine Themen, die er für sie für wichtig hielt: Ihm waren die Themen wichtig, die für die Arbeiter wichtig waren.

Der heutige Leser wird von selbst merken, welche Kunst in der Sprache dieser Vorträge liegt: Sie ist schlicht, sprühend, erfindungsreich, humorvoll – und vor allem menschlich. Es werden manchmal die tiefsten, kompliziertesten Dinge in aller Einfachheit dargestellt. Und man staunt immer wieder, was dieser Mensch Rudolf Steiner über die unterschiedlichsten Bereiche des Lebens auszupacken hatte. Jeder vernünftige Leser müsste sich fragen: Woher hat er das alles? Doch ganz unmöglich von der sinnlichen Wahrnehmung alleine!

Und wenn auch nur einiges wissenschaftlich nicht stichhaltig oder schlicht falsch wäre, hätten das nicht seine vielen Feinde über die Jahrzehnte an die große Glocke gehängt? Sie haben bis jetzt im Wesentlichen nur eine Rettung vor Rudolf Steiner gefunden: ihn zu ignorieren, ihn totzuschweigen. Wie sehr wünschen sich die *Rudolf Steiner Ausgaben,* dass Millionen von «Arbeitern» dieses Schweigen brechen, dieses Ignorieren rückgängig machen. Sie allein können das vielleicht tun!

Viktor Stracke, der zu den damaligen Arbeitern gehörte, berichtet über die Erfahrungen der Arbeiter mit Rudolf

Steiner. Er schreibt: *«Und so dankbar wir Herrn Doktor waren für die Liebe, die er uns zeigte, für die Weisheit, die er vor unseren Blicken öffnete, so froh war Dr. Steiner selbst, daß wir Fragen hatten und daß er zu uns sprechen durfte. Und oft habe ich es erlebt, daß er ein Thema, das vormittags bei uns angeschlagen worden war, dann abends in den Mitgliedervorträgen auch behandelte, weil die Frage ‹in der Luft lag›. Aber* wie *er zu uns sprach, das hatte noch einen ganz besonderen Duktus: Klar, deutlich, einfach, mit fast derb-drastischen Beispielen, aber doch immer die tiefsten Inhalte voll aussprechend, nicht ‹populär›-belehrend. Beschreiben kann man's eigentlich nicht. Bescheiden wie ein Kamerad sprach er, so könnte man es vielleicht nennen. Und doch hatten wir so ungeheuren Respekt, die meisten von uns hatten Herzklopfen; oft wurde tagelang besprochen, wer eine Frage stellen solle und welche.»* (in: *Erinnerungen an Rudolf Steiner,* hrsg. von E. Beltle und K. Vierl, Verlag Freies Geistesleben, 1979, S. 201)

Menschen, die die Geisteswissenschaft Rudolf Steiners sehr schätzen, haben sich den *Rudolf Steiner Ausgaben* gegenüber entsetzt über die Sprache geäußert, in der Rudolf Steiner mit den Arbeitern spricht. Sie meinten, plötzlich einen ganz anderen Steiner zu erleben. Sie fanden die Sprache dieser Arbeitervorträge «nachlässig», einer von ihnen nannte sie «schlampig». Ist das nicht der Beweis dafür, dass heute nicht weniger als damals die «obere Schicht» der Gesellschaft die «untere» kaum kennt, vielleicht nicht einmal weiß, dass sie unter Umständen eine ganz andere Lebendigkeit in die Sprache hineinbringen kann? Warum soll die Sprache sich nur nach dem herrschenden Bürgertum richten und nicht auch nach den Millionen von Arbeitern, die ebenfalls das Recht haben, auf ihre Art und Weise mit der Sprache umzugehen?

Man kann verstehen, dass für viele der damaligen Anthroposophen die Arbeitervorträge Rudolf Steiners keine große Bedeutung hatten. Man kann verstehen, dass über die Jahrzehnte nach dem Tod Rudolf Steiners selbst führende Anthroposophen große Bedenken in Bezug auf Sprache und Inhalt dieser Vorträge geäußert haben. Wie aber Rudolf Steiner selbst ganz anders darüber dachte, berichtet wiederum Viktor Stracke (S. 201-2): *«Als es sich bei einer Tagung darum handelte, in das voll ausgefüllte Arbeitspensum Dr. Steiners* noch *eine Besprechung einzuschieben, soll jemand eine Zeit vorgeschlagen haben, in der ein Arbeitervortrag vorgesehen war und dabei die Worte gebraucht haben: ‹... das ist ja nur ein Arbeitervortrag!› – Worauf Herr Doktor empört gesagt haben soll:* ‹Nur? Nur? ... *Die Arbeitervorträge sind* sehr wichtig!›»

Die Herausgeber

## Zu dieser Ausgabe

Die erste Veröffentlichung dieser Vorträge erfolgte in der Zeitschrift *Die Menschenschule,* Basel 1944-1945:

- 18. Jahrgang (1944), Heft 9: Vortrag vom 28. Juni 1923;
- 18. Jahrgang (1944), Heft 10: Vortrag vom 30. Juni 1923;
- 19. Jahrgang (1945), Heft 2: Vortrag vom 7. Juli 1923;
- 19. Jahrgang (1945), Heft 3: Vortrag vom 18. Juli 1923.

Die Vorträge gehen auf die Klartextnachschriften der Stenografin Helene Finckh zurück. Sie sind auch in der Rudolf Steiner Gesamtausgabe (GA) erschienen: Rudolf Steiner, *Rhythmen im Kosmos und im Menschenwesen / Wie kommt man zum Schauen der geistigen Welt?* (GA 350).

In GA 350 (1991) ist S. 309 zu lesen: «*Textgrundlage:* [...] Der 2. Auflage von 1979 liegt eine vollständige Neuübertragung des ursprünglichen Stenogramms zugrunde. Textabweichungen gegenüber der 1. Auflage und früheren Einzelausgaben sind hierauf zurückzuführen.»

Betreffs der Tafelzeichnungen vgl. Rudolf Steiner, *Wandtafelzeichnungen zum Vortragswerk,* Bd. XXVI, S. 53-59. Für eine leichtere Lesbarkeit sind folgende Wortersetzungen vorgenommen worden: Bourgeois- durch «bürgerlichen», Christi Geburt durch «unserer Zeitrechnung».

Inhaltsverzeichnis und Titel stammen vom Redakteur.

# Fachausdrücke der Geisteswissenschaft

## Entwicklung von Erde und Mensch

| | |
|---|---|
| 7 planetarische Zustände der Erde: | 1. Saturn-, 2. Sonnen-, 3. Monderde,<br>4. Erde (jetziger Planet),<br>5. Jupiter-, 6. Venus-, 7. Vulkanerde |
| 7 geologische Zeiten der jetzigen Erde: | 1. Polarische, 2. hyperboreische, 3. lemurische Erdenzeit<br>4. atlantische Erdenzeit<br>5. nachatlantische (die jetzige), 6., 7. Erdenzeit |
| 7 Kulturperioden der «nachatlantischen» Zeit (je 2160 Jahre): | 1. Indische, 2. persische, 3. ägypt.-chaldäische Kulturper.<br>4. griech.-römische Kulturperiode (747 v.–1413 n.Chr.);<br>5. unsere Kulturperiode (1413–3573 n.Chr.), 6., 7. Kulturper. |

## Das Wesen des Menschen

| | |
|---|---|
| 3 Körper-Hüllen: | 1. Physischer Körper<br>2. Ätherischer Körper, Ätherleib, Bildekräfteleib<br>3. Astralischer Körper, Astralleib, Empfindungsleib |
| 3 Seelen-Kräfte: | 1. Empfindungsseele<br>2. Gemüts- oder Verstandesseele<br>3. Bewusstseinsseele |
| 3 Geistes-Glieder: | 1. Geistselbst (höheres Ich)<br>2. Lebensgeist<br>3. Geistesmensch |
| Aus 9 wird 7: | 1. Physischer Leib, 2. Ätherleib, 3. Astralleib,<br>4. Ich,<br>5. Geistselbst, 6. Lebensgeist, 7. Geistesmensch |

## Dreiheit in Mensch und Welt

| Geistige Wesen: | «Luzifer» | «Christus» | «Ahriman» |
|---|---|---|---|
| Evangelium: | Diabolos | Streben nach Gleich-gewicht | Satanas |
| Geistig: | Spiritualismus | | Materialismus |
| Seelisch: | Schwärmerei | | Pedanterie |
| Physisch: | Entzündung | | Sklerose |
| Moralisch: | hemmend | fördernd | hemmend |

## Naturelemente

| Ätherwelt: | Wärmeäther | Lichtäther | Ton-/Zahlenäther | Lebensäther |
|---|---|---|---|---|
| Phys. Welt: | Wärme | Luft | Wasser | Erde |
| Unternatur: | Schwerkraft | Elektrizität | Magnetismus | Atomkraft |
| Naturgeister: | Salamander | Sylphen | Undinen | Gnomen |

## Stufen der Einweihung

| | |
|---|---|
| 1. Imagination: | Bilder sehen – in der Akasha-Chronik (Ätherwelt) |
| 2. Inspiration: | Worte hören – in der Seelenwelt (Astralwelt) |
| 3. Intuition: | Wesen erkennen – in der geistigen Welt (Devachan) |

**Rudolf Steiner** (1861-1925) ergänzt die moderne Naturwissenschaft durch eine umfassende Geisteswissenschaft, die Anthroposophie, die in der heutigen Kultur eine einzigartige Herausforderung zur Überwindung des Materialismus ist, der die Menschheit in den Untergang zu führen droht.

Die Anthroposophie hat ihre Fruchtbarkeit vor allem in der Erneuerung verschiedener Lebensbereiche gezeigt: der Erziehung, der Medizin, der Kunst, der Landwirtschaft. Der Wahrheitsgehalt der Geisteswissenschaft lag Rudolf Steiner ganz besonders am Herzen, weil er in ihm den Inspirations- und Kraftquell für alle äußere Tätigkeit sah.

Von den Vorträgen Rudolf Steiners sind Klartextübertragungen und Nachschriften unterschiedlicher Qualität erhalten. Die Vorträge lagen bis vor Kurzem überwiegend in einer stark bearbeiteten Fassung vor. Die ursprünglichen Klartextübertragungen, die zu Beginn des 21. Jahrhunderts der Öffentlichkeit zugänglich gemacht worden sind, machen es möglich, dem von Rudolf Steiner gesprochenen Wort näherzukommen.

Zum 1. Vortrag (28. Juni 1923)

Zum 2. Vortrag (30. Juni 1923)

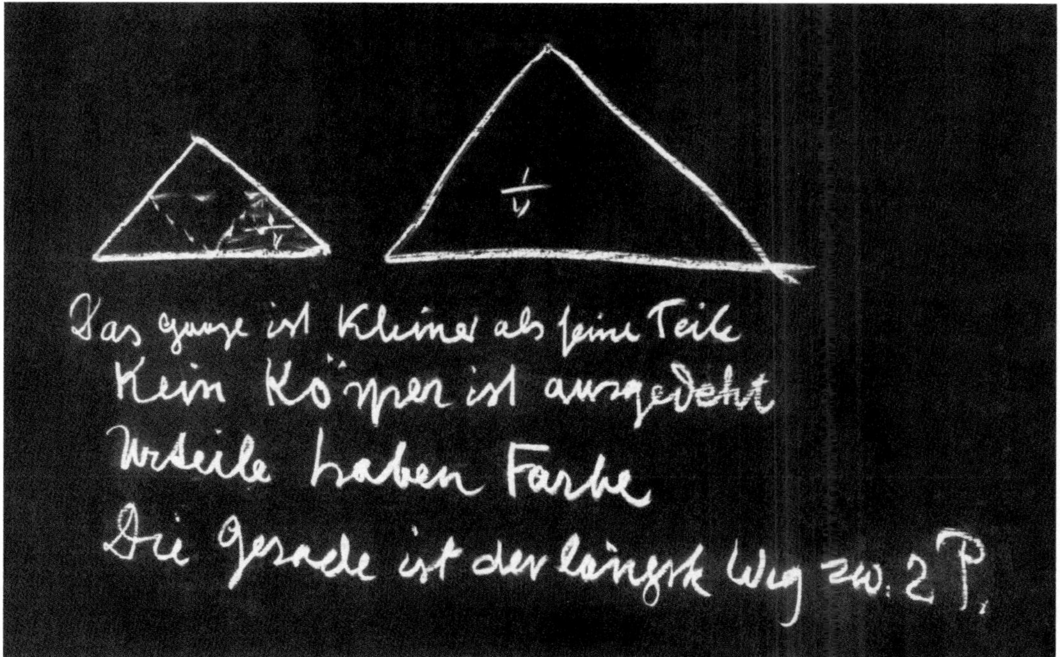


Zum 2. Vortrag (30. Juni 1923)

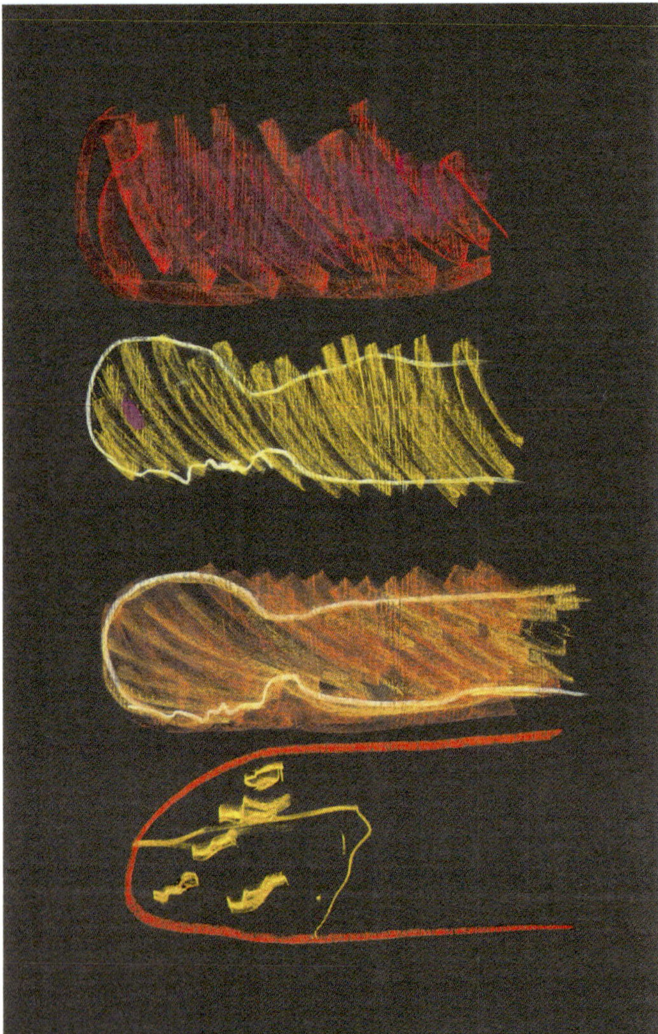

Zum 3. Vortrag (7. Juli 1923)

Zum 3. Vortrag (7. Juli 1923)

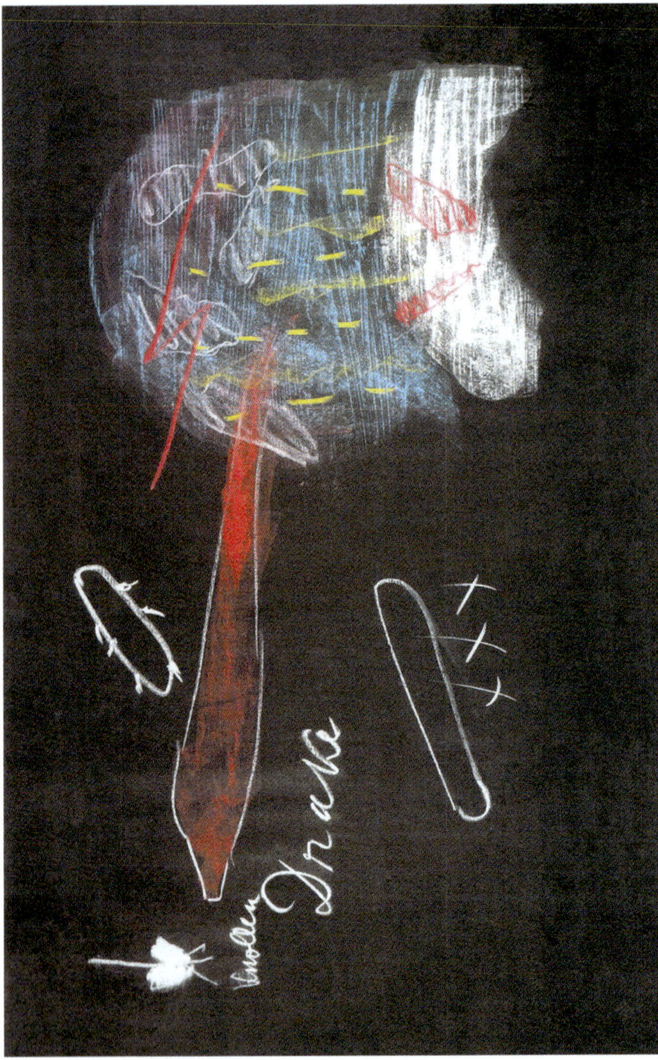

Zum 4. Vortrag (18. Juli 1923)

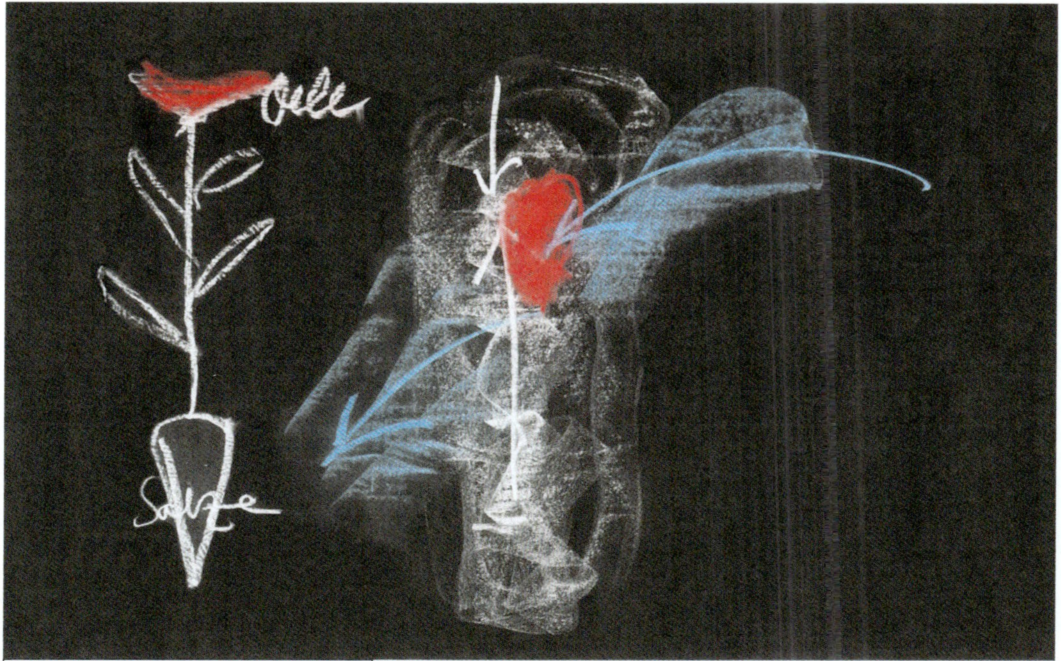

Zum 4. Vortrag (18. Juli 1923)

*Basler Nachrichten*, 5. Juli 1923

Donnerstag 5. Juli 1923. **Basler Nachrichten** 1. Beilage zu Nr. 307.

**Landwirtschaftliches aus dem Bernbiet.**
(E. M.-Korrespondenz aus Großaffoltern.)
Der gedrückten Stimmung, die sich unter dem Einfluß ungünstiger Witterung einzustellen pflegt,

Darum eben hält es schwer, da irgendwelche Aenderungen zu treffen. Immerhin ist die Macht der Verhältnisse oft genug stärker, als der anfängliche Widerstand. Wir haben in unserem letzten Berichte darauf hingewiesen, wie die Kultur der Kartoffel

dasjenige, das sich aus einer Verwirklichung der modifizierten Anträge der Generaldirektion der Bundesbahnen für ihr Personal ergeben hätte. Wenn die Delegiertenversammlung gleichwohl sogar den Eintritt in Verhandlungen abgelehnt hat, so doku-

**Basel.**
Soldatenheim in Luzern.
(Mitg.) Viele unserer jungen Basler erhalten ihre militärische Ausbildung auf dem Waffenplatz Luzern.

Paket Liebesbriefe heim.

— nak. **Ein oft wiederkehrender Traum** ist der sogenannte „Flugtraum". Wir träumen zu fliegen, zu schweben, oder zu fallen und zwar sehr häufig gleich nach dem Zubettgehen. Dieser Traum, führt Dr. **Richard Traugott** in der „Natur" aus, wird durch ein wirklich stattfindendes ruckartiges Zusammenzucken des Körpers hervorgerufen. Die Ursache dieses Zusammenzuckens liegt in dem unterschiedlichen Verhalten der Muskelspannungen im Wachen und im Schlafen: Beim Wachen gehen den Muskeln des Körpers von Seiten des Zentralnervensystems ständig Energieströme zu, die die Muskeln in diejenige Spannung versetzen, die zur Erhaltung des Körpergleichgewichts sowie zu dem notwendigen gleichmäßigen Zusammenspiel der Muskulatur überhaupt erforderlich sind; im Schlaf fällt diese Muskelspannung zum größten Teil fort und da in der ersten Periode des Schlafes die Reflexerregbarkeit des Rückenmarks gesteigert ist, so bewirkt der Vorgang der Muskelentspannung bezw. der durch ihn auf das Rückenmark ausgeübte Reiz leicht jenen Ruckreflex, d. h. eben das Zusammenzucken des Körpers. Andere faktisch vorhandene Organempfindungen mögen noch direkter auf das Zustandekommen des Gefühls vom Fliegen, Schweben in der Luft, Schwimmen hinwirken: insbesondere die rhythmischen, sich hebenden und senkenden Bewegungen der Atmungsmuskulatur und des Brustkastens, sowie namentlich auch der Wegfall der Empfindungen des Druckes und des Unterlagenwiderstandes, die wir im Wachen an allen den Körperstellen haben, die auf einer Unterlage aufruhen.